Bähr / Fischer-Winkelmann / Fraling /
Hesse / Scharf
Buchführung – Leitlinien und Organisation

Praxis der Unternehmensführung

Prof. Dr. Gottfried Bähr
Prof. Dr. Wolf F. Fischer-Winkelmann
Dipl.-Kfm. Rolf Fraling
Dr. Kurt Hesse
Dr. Dirk Scharf

Buchführung – Leitlinien und Organisation

Rechtsgrundlagen

Grundsätze ordnungsmäßiger Buchführung

Inventur, Inventar

Bilanz

Buchen auf Konten

Jahresabschluß

Kontenrahmen und Kontenplan

GABLER

Die Deutsche Bibliothek – CIP-Einheitsaufnahme

Buchführung – Leitlinien und Organisation : Rechtsgrundlagen,
Grundsätze ordnungsmäßiger Buchführung, Inventur, Inventar,
Bilanz, Buchen auf Konten, Jahresabschluß, Organisation der
Buchführung, Kontenrahmen und Kontenplan / Gottfried Bähr
... – Wiesbaden : Gabler, 1991
   (Praxis der Unternehmensführung)
   ISBN 3-409-13968-0
NE: Bähr, Gottfried

Der Gabler Verlag ist ein Unternehmen der Verlagsgruppe Bertelsmann
International.
© Betriebswirtschaftlicher Verlag Dr. Th. Gabler GmbH,
Wiesbaden 1991
Redaktion: Ursula Pott

Das Werk einschließlich aller seiner Teile ist urhe-
berrechtlich geschützt. Jede Verwertung außerhalb der engen Grenzen des Urheberrechtsgeset-
zes ist ohne Zustimmung des Verlags unzulässig
und strafbar. Das gilt insbesondere für Vervielfälti-
gungen, Übersetzungen, Mikroverfilmungen und
die Einspeicherung und Verarbeitung in elektronischen Systemen.

Dieses Buch ist auf säurefreiem und chlorarm gebleichtem Papier ge-
druckt.

Umschlaggestaltung: Susanne Ahlheim AGD, Weinheim
Satz: SATZPUNKT Ursula Ewert, Braunschweig
Druck und Bindung: Paderborner Druck-Centrum, Paderborn
Printed in Germany

ISBN 3-409-13968-0

Inhalt

1 Stellung der Buchführung im Rechnungswesen der Unternehmung

Buchführung ist die planmäßige, lückenlose, geordnete Aufzeichnung aller Geschäftsvorfälle in einer Unternehmung. Ohne diese Aufzeichnungen würde in kürzester Zeit jeder Überblick über den Geschehensablauf in der Unternehmung verlorengehen. Die Buchführung bildet zusammen mit der Jahresbilanz und der Gewinn- und Verlustrechnung, die beide aus den Zahlenwerten der laufenden Buchführung entwickelt werden, einen wichtigen Teilbereich des betrieblichen Rechnungswesens.

Die Buchführung, für die auch der Begriff Finanzbuchführung oder Geschäftsbuchführung verwendet wird (denn es geht um die Aufzeichnung von in Geld ausdrückbaren Werten), hat im einzelnen die im folgenden genannten Aufgaben zu erfüllen.

■ Aufgaben der Buchführung

- Die Buchführung muß einen sicheren Einblick in die Vermögenslage geben;

- sie muß sämtliche Veränderungen der Vermögenswerte und der Schulden zahlenmäßig festhalten;

- sie ermöglicht die Feststellung des Ergebnisses (Gewinn oder Verlust) des unternehmerischen Handelns;

- sie bildet die Grundlage für die Berechnung der Steuern;

- sie dient als Grundlage für die Kostenrechnung und Preiskalkulation sowie für die betriebswirtschaftliche Statistik

1

und Planungsrechnung; sie dient der Vorbereitung betrieblicher Entscheidungsprozesse;

- sie dient als Beweismittel für das innerbetriebliche Geschehen vor allen Behörden (z.B. bei Gericht).

Die laufende Buchführung spiegelt im Zeitablauf alle betrieblichen Ereignisse von der Gründung eines Unternehmens bis zu dessen Auflösung in Zahlen wider, die

- zu einem Werteverbrauch (Aufwand) oder Wertezuwachs (Ertrag) oder
- zu Änderungen in der Höhe und/oder der Zusammensetzung des Vermögens, der Schulden und des Eigenkapitals eines Unternehmens führen.

Nach Ablauf einer Rechungsperiode wird

- durch die Bilanz ein Einblick in die finanzielle Struktur (Vermögens- und Kapitalstruktur) des Unternehmens vermittelt und
- durch die Erfolgsrechnung (Gewinn- und Verlustrechnung) ein Einblick in die Größen und Quellen des wirtschaftlichen Erfolges gegeben.

Muß der Jahresabschluß aufgrund gesetzlicher Vorschriften veröffentlicht werden oder wird er freiwillig Außenstehenden zugänglich gemacht, so dient er

- der Rechnungslegung und
- der Information der Aktionäre, Kreditgeber, Lieferanten, Finanzbehörden (der sog. „Öffentlichkeit") über die Vermögens-, Finanz- und Ertragslage eines Unternehmens, deren Entwicklung sich in der unternehmensexternen gewöhnlich nicht zugänglichen Buchführung dokumentiert und verfolgt werden kann.

Das betriebliche Rechnungswesen umfaßt vier Teilgebiete:

2

■ Finanzbuchführung (Geschäftsbuchführung)

Die Finanzbuchführung ist eine zeitraumbezogene Rechnung. Die Aufzeichnung der Geschäftsvorfälle in einer Abrechnungsperiode (z. B. Monat, Quartal, Jahr) erfolgt zum einen chronologisch (im Grundbuch oder Journal), zum anderen sachlich geordnet (im Hauptbuch auf Konten).

Die Finanzbuchführung ist eine unternehmensbezogene Rechnung, die alle Geschäftsvorfälle und den Gesamterfolg der Unternehmung als Differenz aller Erträge und Aufwendungen ermittelt. Das Ergebnis bildet am Ende des Geschäftsjahres der Jahresabschluß.

■ Kosten- und Leistungsrechnung

Die Kosten- und Leistungsrechnung dagegen ist eine betriebsbezogene Rechnung, die nur solche Erträge und Aufwendungen erfaßt, die aus der eigentlichen betrieblichen Tätigkeit, dem eigentlichen Geschäftszweck resultieren. Derartige Erträge werden als Leistungen oder Erlöse, die entsprechenden Aufwendungen als Kosten bezeichnet. Die Differenz dieser beiden Größen ist das Betriebsergebnis.

Die Kosten- und Leistungsrechnung, die üblicherweise in die Teilbereiche Kostenarten-, Kostenstellen- und Kostenträgerrechnung eingeteilt wird, hat im wesentlichen die folgenden Aufgaben: Ermittlung des jährlichen und des kurzfristigen, (z. B. monatlichen) Betriebsergebnisses, Kontrolle der Kosten und der Wirtschaftlichkeit, Ermittlung der Selbstkosten je Erzeugniseinheit als Grundlage für die Preiskalkulation, Ermittlung der Herstellungskosten als Basis für die Bewertung der fertigen und unfertigen Erzeugnisse sowie der Eigenleistungen für die Jahresbilanz und schließlich Erfassung der Kosten als Voraussetzung für Planungen und Entscheidungen. (Vgl. auch Lang/Torspecken, Kostenrechnung und Kalkulation, Wiesbaden 1991, Reihe „Praxis der Unternehmensführung".)

■ Statistik und Vergleichsrechnung

Die betriebswirtschaftliche Statistik ist die zahlenmäßige Erfassung betrieblicher Massenerscheinungen, also die Tätigkeit als solche. Zudem ist sie das Ergebnis dieser Tätigkeit.

Ihre Anwendungsmöglichkeiten sind praktisch unbegrenzt. So gibt es etwa Beschaffungs-, Lager-, Produktions- und Absatzstatistiken, Personal-, Lohn- und Gehaltsstatistiken, Kosten-, Erfolgs- und Bilanzstatistiken.

Sie dienen einerseits der betrieblichen Kontrolle im Wege des innerbetrieblichen und – so weit möglich – zwischenbetrieblichen Vergleichs. Darüber hinaus bildet das statistische Zahlenmaterial die Grundlage für Unternehmensentscheidungen.

■ Planungsrechnung

Planung bedeutet, daß in die Zukunft gerichtete Entscheidungen getroffen werden, die der unternehmerischen Zielsetzung dienen.

Die notwendigen Daten liefern zunächst die drei anderen Teilbereiche des betrieblichen Rechnungswesens. Weitere Informationen zum Beispiel über Konkurrenz- und Verbraucherverhalten, technische Verfahren, die allgemeine Wirtschaftslage und die Lage der Branche sind nötig.

Der betriebliche Gesamtplan setzt sich aus Teilplänen wie dem Produktions-, Absatz- und Finanzplan zusammen, die ihrerseits wiederum aus Teilplänen bestehen wie etwa der Produktionsplan aus Material-, Personal-, Investitions-, Lagerbestands-, Produktionsprogrammplan usw.

2 Gesetzliche Grundlagen

Die Verpflichtung zur Buchführung ergibt sich hauptsächlich aus handels- und steuerrechtlichen Vorschriften. Sinn der Buchführungsvorschriften ist es, einheitliche Regelungen für die Erfassung und Wiedergabe des Buchungsstoffes sowie über dessen Aufbewahrung festzulegen. Nur so kann die Buchführung handels- und steuerrechtliche Beweiskraft erreichen (Dokumentationszweck) und ihrer Rechenschaftslegungs- und Informationsaufgabe gegenüber den Interessenten des aus ihr entwickelten Jahresabschlusses gerecht werden. In den gesetzlichen Vorschriften berücksichtigt werden dabei insbesondere die Interessen der Gläubiger und des Fiskus. Die Einhaltung der Vorschriften dient jedoch gleichzeitig der aktuellen Selbstinformation des Kaufmanns. (Vgl. auch Seite 98)

2.1 Handelsrechtliche Vorschriften

Nach § 238 Abs. 1 HGB ist jeder Kaufmann verpflichtet, Bücher zu führen und in diesen seine Handelsgeschäfte und die Lage seines Vermögens nach den Grundsätzen ordnungsmäßiger Buchführung ersichtlich zu machen.

Wer Kaufmann im Sinne des HGB ist, darüber geben die §§ 1 bis 7 HGB Auskunft. (Verwiesen sei in diesem Zusammenhang auch auf das Buch „Handelsrecht und Gesellschaftsformen", das in dieser Buchreihe erschienen ist.)

Nur Vollkaufleute sind verpflichtet, Bücher zu führen und einen Jahresabschluß zu erstellen. Der Gesetzgeber unterscheidet dabei vier Kategorien von Vollkaufleuten:

■ **Mußkaufleute oder Kaufleute kraft Grundhandelsgewerbe**

Hierbei handelt es sich um solche Kaufleute, die eines der in § 1 HGB bezeichneten Grundhandelsgewerbe betreiben. Sie sind allerdings nur dann Vollkaufleute, wenn nach Art und Umfang ihres Geschäftsbetriebes eine kaufmännische Organisation erforderlich ist.

■ **Sollkaufleute oder Kaufleute kraft Eintragung in das Handelsregister**

Gemeint sind nach § 2 HGB handwerkliche Betriebe und sonstig in § 1 Abs. 2 HGB nicht erwähnte Gewerbebetriebe z. B. Hotelbetriebe, größere Bauhandwerksbetriebe, Großwäschereien, Auskunfteien, Sanatorien. Sofern diese Unternehmen nach Art und Umfang einen kaufmännisch eingerichteten Geschäftsbetrieb benötigen, sind sie verpflichtet, sich in das Handelsregister eintragen zu lassen.

■ **Kannkaufleute oder Kaufleute kraft Eintragung in das Handelsregister**

Machen nach § 3 HGB Art und Umfang des Geschäftsbetriebes bei Land- bzw. Forstwirten oder deren Nebenbetrieben wie Molkereien bzw. Sägewerken eine kaufmännische Organisation erforderlich, so können die Land- bzw. Forstwirte ihre Haupt- und/oder ihre Nebenbetriebe in das Handelsregister eintragen lassen – sie haben also ein Wahlrecht.

■ **Formkaufleute oder Kaufleute kraft Rechtsform**

Dazu gehören alle Kapitalgesellschaften (AG, KGaA, GmbH), die Genossenschaften und die Versicherungsver-

6

eine auf Gegenseitigkeit ohne Rücksicht darauf, ob sie gewerblichen Charakter haben oder nicht, ob sie einen kaufmännischen Geschäftsbetrieb erfordern oder nicht. Kaufmann sind weder die Vorstandsmitglieder, Geschäftsführer noch die Gesellschafter, sondern die Gesellschaft selbst als juristische Person. – Weiter gehören dazu die Handelsgesellschaften OHG und KG sowie die GmbH & Co. KG.

§ 240 Abs. 2 HGB verlangt ferner eine jährliche Bestandsaufnahme (Inventur), § 242 HGB die Aufstellung eines Abschlusses zum Ende eines jeden Geschäftsjahres. Was im einzelnen unter ordnungsmäßiger Buchführung zu verstehen ist, besagt das HGB nicht. Es enthält nur einige allgemeine formelle Vorschriften über die Führung der Handelsbücher (§§ 239, 257 HGB):

– Der Kaufmann hat sich einer lebenden Sprache und der Schriftzeichen einer solchen zu bedienen.

– Die Bedeutung verwendeter Abkürzungen, Ziffern, Buchstaben und Symbole muß eindeutig festliegen.

– Eintragungen dürfen nicht in einer Weise verändert werden, daß der ursprüngliche Inhalt nicht mehr feststellbar ist.

– Handelsbücher sowie Inventare und Bilanzen sind zehn Jahre, empfangene Handelsbriefe, Wiedergaben der abgesandten Handelsbriefe und Buchungsbelege sechs Jahre aufzubewahren. Die Aufbewahrungsfrist beginnt mit dem Schluß des Kalenderjahres, in dem die letzte Eintragung in das Handelsbuch gemacht, das Inventar aufgestellt, die Bilanz festgestellt, der Handelsbrief abgesandt oder der Buchungsbeleg entstanden ist.

2.2 Steuerrechtliche Vorschriften

Wer nach handelsrechtlichen Vorschriften Bücher zu führen hat, muß dies auch für Zwecke der Besteuerung tun; diese in § 140 AO enthaltene Verpflichtung wird als derivative steuerliche Buchführungsverpflichtung bezeichnet. Darüber hinaus hat aber das Steuerrecht die Verpflichtung, Bücher zu führen, auf einen noch weiteren Personenkreis ausgedehnt.

Nach §141 Abs. 1 AO müssen Aufzeichnungen der Einnahmen und Ausgaben, jährliche Bestandsaufnahmen und regelmäßige Abschlüsse für die Zwecke der Besteuerung nach dem Einkommen, dem Ertrag und dem Vermögen von allen „gewerblichen Unternehmern" gemacht werden, bei denen zutrifft:

- Gesamtumsatz von mehr als DM 500.000,– oder

- Betriebsvermögen über DM 125.000,– oder

- land- und forstwirtschaftliches Vermögen von mehr als DM 40.000,– oder

- Gewinn aus Gewerbebetrieb mehr als DM 36.000,– oder

- Gewinn aus Land- und Forstwirtschaft von mehr als DM 36.000,–.

Ist eine dieser Vorschriften erfüllt, dann greift auch in den Fällen, in denen keine handelsrechtliche Verpflichtung zur Buchführung besteht, eine originäre steuerrechtliche Buchführungsverpflichtung gemäß § 141 Abs. 1 AO ein. Darüber hinaus erweitert das Steuerrecht in §§ 145 ff. AO die formalen handelsrechtlichen Vorschriften über die Ordnungsmäßigkeit der Buchführung.

Gewinnermittlungsart	Kreis der Steuerpflichtigen	Merkmale gemäß § 141 AO
Vermögensvergleich (§ 4 Abs. 1 EStG)	a) Selbständig Tätige und Gewerbetreibende, die freiwillig Bücher führen	
	b) Landwirte mit Buchführungspflicht	mit einem Wirtschaftswert der Fläche über 40 000,– DM oder mit einem Gewinn von mehr als 36 000,– DM
Vermögensvergleich (§ 5 EStG)	a) alle Vollkaufleute (eingetragen im Handelsregister)	mit einem Umsatz über 500 000,– DM oder mit einem Betriebsvermögen über 125 000,– DM oder mit einem Gewinn von über 36 000,– DM
	b) Gewerbetreibende mit Buchführungspflicht	
	c) Gewerbetreibende mit freiwilliger Buchführung	
Überschußrechnung (§ 4 Abs. 3 EStG)	a) Selbständige Tätige	ohne Grenzen
	b) Minderkaufleute	unterhalb der Grenzen von oben
	c) Kleine Gewerbetreibende	
	d) Landwirte auf Antrag anstelle der Gewinnermittlung nach § 13a EStG	
Gewinnermittlung nach Durchschnittssätzen (§ 13a EStG)	alle übrigen Landwirte	unterhalb der Grenzen von oben
Gewinnermittlung durch Schätzung	bei Steuerpflichtigen ohne Buchführung oder bei Verstößen gegen die GoB	

Anmerkung: Die Umsatzgrenze errechnet sich aus den Umsätzen einschließlich der steuerfreien Umsätze. Der Wirtschaftswert ist der Einheitswert abzüglich Wohnteil, der Gewinn versteht sich ohne Sonderabschreibungen und erhöhte Absetzungen.

(Quelle: entnommen Uhle, Hans Joachim, Betriebswirtschaftliche Steuerlehre, 4. Aufl., Wiesbaden 1990)

Die Gewinnermittlungsmethoden nach dem Steuerrecht

2.3 Besondere Richtlinien

Die Erkenntnis, daß ein geordnetes betriebliches Rechnungswesen nicht nur für den einzelnen Betrieb, sondern auch für
die jeweilige Branche oder die Gesamtwirtschaft wichtig und
vorteilhaft ist, führte zu verschiedenen Richtlinien und Anord-
nungen betreffend einer neuzeitlichen und einheitlichen Gestaltung und Organisation der Buchführung, zum Beispiel:

■ Richtlinien zur Organisation der Buchführung zum
  11.11.1937

■ Gemeinschaftskontenrahmen der Industrie (GKR) 1949/
  1971

■ Grundsätze und Gemeinschaftsrichtlinien für das Rechnungswesen 1950/1952

■ Entwicklung des Industriekontenrahmens (IKR) nach Erlaß
  des Bilanzrichtlinien-Gesetzes 1986

Richtlinien und Grundsätze für das gesamte Rechnungswesen
wurden vor allem von den einzelnen Wirtschaftsverbänden erlassen. Damit sollte eine sichere und allgemein verbindliche
Grundlage für Betriebsvergleiche geschaffen werden, welche
wesentlich zur Kontrolle und Steigerung der Wirtschaftlichkeit
und Rentabilität von Unternehmen beizutragen vermögen.

2.4 Sonstige Aufzeichnungspflichten

Neben den handelsrechtlichen und steuerrechtlichen Buchfüh-
rungspflichten, durch die alle Geschäftsvorfälle in zeitlicher
und sachlicher Ordnung festgehalten werden, kennt man noch
sog. Aufzeichnungspflichten für einzelne Berufsgruppen (s.S.
99 ff.) oder bestimmte Arten von Geschäftsvorfällen (z. B. Gift-

buch des Apothekers oder das Kehrbuch des Schornsteinfegers).

Nach dem schon erwähnten § 140 AO sind Aufzeichnungspflichten, die nach anderen als nach den Steuergesetzen bestehen, auch im Interesse der Besteuerung zu erfüllen. Welche Ziele der Gesetz- oder Verordnungsgeber mit den jeweiligen Aufzeichnungspflichten verfolgt hat, ist dabei gleichgültig; es genügt, daß die Aufzeichnungen in irgendeiner Weise steuerlich ausgewertet werden können.

Es gibt zahlreiche Gesetze und Verordnungen, nach denen die Angehörigen bestimmter Berufsgruppen solchen Aufzeichnungspflichten unterworfen werden oder die bei Ausführung bestimmter Leistungen Aufzeichnungen zwingend vorschreiben. Auch das Steuerrecht enthält oder übernimmt Vorschriften, die die Aufzeichnung bestimmter Sachverhalte vorschreiben. Hier sind vor allem die übernommenen Verordnungen über die Führung des Wareneingangs- oder des Warenausgangsbuches zu nennen, die beide die Nachprüfbarkeit und Verprobung der Vollständigkeit der Buchführung sicherstellen sollen (§§ 143, 144 AO). Weitere wichtige Aufzeichnungspflichten ergeben sich aus dem Umsatzsteuergesetz (vor allem § 22 UStG) und im Zusammenhang mit der Einbehaltung der Lohnsteuer durch den Unternehmer (Führung eines Lohnkontos gemäß § 41 EStG).

2.5 Folgen der Verletzung von Buchführungs- und Aufzeichnungspflichten

Hat ein Steuerpflichtiger Buchführungs- und Aufzeichnungspflichten nicht beachtet oder sind die Buchführungsunterlagen und Aufzeichnungen unvollständig oder formell oder sachlich unrichtig, so hat das Finanzamt laut Gesetzesbefehl (§ 162 AO) die Besteuerungsgrundlagen zu schätzen. Die Erfüllung der Buchführungs- und Aufzeichnungspflichten kann auch über sog. Zwangsgelder (§ 328 AO) erzwungen werden.

Das HGB kennt keine Sanktionen bei fehlender oder unzulänglich geführter Buchhaltung. Nur im Falle des Unternehmenszusammenbruchs und einer Schädigung von Gläubigern greift der Gesetzgeber ein und hat eine fehlende oder nicht ordnungsgemäße Buchhaltung erhebliche Konsequenzen. Man beschreibt die Rechnungslegungsvorschriften des HGB bezeichnenderweise als „konkursorientiert".

Mit dem ersten Gesetz zur Bekämpfung der Wirtschaftskriminalität vom 29.07.1976 (BGBl. I, 1976, S. 2034 ff.) wurden die bisher teilweise in der Konkursordnung von 1877 (§§ 239, 240 KO) geregelten Konkursstraftaten in das Strafgesetzbuch übernommen. Nach § 283 Abs. 1 StGB (vorsätzlicher Bankrott) wird mit Freiheitsstrafe bis zu fünf Jahren oder mit Geldstrafe bestraft, wer bei Überschuldung oder bei drohender oder eingetretener Zahlungsunfähigkeit (bereits bestehende Krise) Handelsbücher, zu deren Führung er gesetzlich verpflichtet ist, zu führen unterläßt oder so führt oder verändert, daß die Übersicht über seinen Vermögensstand erschwert wird (§ 283 Abs. 1 Nr. 5 StGB), oder wer Handelsbücher oder sonstige Unterlagen, zu deren Aufbewahrung ein Kaufmann nach Handelsrecht verpflichtet ist, vor Ablauf der für Buchführungspflichtige bestehenden Aufbewahrungspflichten beiseite schafft, verheimlicht, zerstört oder beschädigt und dadurch die Übersicht über seinen Vermögensstand erschwert (§ 283 Abs. 1 Nr. 6 StGB).

Ferner gilt es als Konkursstraftatbestand, wenn Bilanzen so aufgestellt werden, daß die Übersicht über die Vermögensgegenstände erschwert wird, oder wenn es unterlassen wird, die Bilanz oder das Inventar innerhalb der vorgeschriebenen Fristen aufzustellen (§ 283 Abs. 1 Nr. 7 a, b StGB).

Während § 283 Abs. 1 StGB eine bereits bestehende Krise voraussetzt, bestimmt § 283 b StGB, daß mit Freiheitsstrafe oder mit Geldstrafe bestraft wird, wer vorsätzlich oder fahrlässig Maßnahmen entsprechend § 283 Abs. 1 Nr. 5, 6, 7a, b StGB ergreift, ohne daß eine Krise i. S. von Überschuldung oder Zahlungsunfähigkeit besteht.

Daneben enthält auch das Steuerrecht Strafvorschriften, die bei Verletzung der Buchführungspflicht angewendet werden können. Werden buchungs- oder aufzeichnungspflichtige Geschäftsvorfälle vorsätzlich oder leichtfertig nicht oder unrichtig verbucht und wird dadurch eine Verkürzung von Steuereinnahmen ermöglicht, so liegt eine Steuergefährdung (§ 379 AO) vor, eine Ordnungswidrigkeit, die zu einer Geldbuße bis zu 10.000 DM führen kann. Ist eine leichtfertige Steuerverkürzung erwiesen, kann die Geldbuße bis zu 100.000 DM betragen (§ 378 AO). Ist der Tatbestand der vorsätzlichen Steuerhinterziehung oder auch nur der Versuch einer Steuerhinterziehung (§ 370 AO) erfüllt, kann eine Freiheitsstrafe bis zu fünf Jahren und eine Geldbuße bis zu fünf Millionen DM verhängt werden. Darüber hinaus knüpft das Steuerrecht eine Reihe von steuerlichen Vergünstigungen an die Bedingung, daß ordnungsmäßige Buchführung oder Aufzeichnungen vorliegen müssen. Dabei werden formelle Mängel neuerdings nicht mehr entscheidend gewertet, sofern die Buchhaltung materiell ordnungsgemäß ist.

3 Gundsätze ordnungsmäßiger Buchführung

Die gesetzlichen Vorschriften sagen (mit Ausnahme der bereits erwähnten weitgehend formellen Vorschriften der §§ 239 und 257 HGB sowie 145 ff. AO) wenig darüber aus, wie die Buchführung (doppelte Buchführung vgl. § 242 HGB) im einzelnen beschaffen sein muß. Nach § 238 Abs. 1 HGB muß jeder Kaufmann Bücher führen und in ihnen seine Handelsgeschäfte und die Lage seines Vermögens nach den Grundsätzen ordnungsmäßiger Buchführung ersichtlich machen. Diese Grundsätze ordnungsmäßiger Buchführung erlangen damit eine für die Praxis entscheidende Bedeutung.

Die Grundsätze ordnungsmäßiger Buchführung sind als Leitsätze oder Generalklauseln zu verstehen, die unabhängig und unveränderlich von den jeweiligen Buchführungsregeln bestehen.

Die abgeleiteten konkreten Buchführungs- und Bilanzierungsregeln sind jedoch im Zeitablauf veränderlich, vor allem durch den Wandel der Buchführungstechnik und der Abrechnungsmethoden und den damit verbundenen organisatorischen Veränderungen. Angesprochen ist vor allem die elektronische Datenverarbeitung.

Aus diesem Grund hat der Gesetzgeber auf eine exakte Bestimmung dieser Generalklauseln verzichtet und damit eine unbestimmte Rechtsnorm geschaffen. Obwohl der Begriff so alt ist wie das Handelsgesetzbuch selbst, besteht in der Literatur keine einheitliche Auffassung über ihren Inhalt und ihre Systematisierung. Geformt worden sind die Grundsätze ordnungsmäßiger Buchführung vor allem durch höchstrichterliche Entscheidungen, Fachgutachten, die betriebswirtschaftliche Lehrmeinung und die praktische Übung.

Man kann sagen, daß die Grundsätze ordnungsmäßiger Buchführung das sind, was der ehrbare und ordentliche Kaufmann unter Beachtung des Zwecks der Buchführung tut oder tun sollte.

Die Aufgabe, die den GoB zufällt, besteht vor allem darin, Lösungen auf die Fragen im Zusammenhang mit der Buchführung und Bilanzierung zu finden, die nicht durch gesetzliche Vorschriften geregelt sind. Darüber hinaus werden sie herangezogen, um als Auslegungshilfe von gesetzlichen Normen zu dienen und zur Rechtsanpassung an veränderte Verhältnisse.

3.1 Grundsätze ordnungsmäßiger Buchführung im weiteren Sinne

Zu den Grundsätzen ordnungsmäßiger Buchführung i. w. S. rechnet man auch die Grundsätze ordnungsmäßiger Inventur und ordnungsmäßiger Bilanzierung, die formeller und materieller Natur sein können.

Grundsätze ordnungsmäßiger Buchführung i.w.S.

Grundsätze ordnungs- mäßiger Inventur	Grundsätze ordnungs- mäßiger Buchführung i.e.S.	Grundsätze ordnungs- mäßiger Bilanzierung

Eine sehr weite Definition der Ordnungmäßigkeit (vgl. § 238 Abs. 1 HGB) besagt, daß eine Buchführung dann ordnungsgemäß ist, wenn sich ein „sachverständiger Dritter" jederzeit und ohne nennenswerten Zeitverlust aus den Aufzeichnungen ein zutreffendes Bild über die Geschäftsvorfälle und die tatsächliche Vermögenslage des Unternehmens machen kann.

Eine präzisere Umschreibung, was unter ordnungsmäßiger Buchführung zu verstehen ist, geben die Einkommensteuer-Richtlinien in Abschnitt 29. Danach ist eine Buchführung ordnungsgemäß, wenn sie den Grundsätzen des Handelsrechts entspricht. Dies sei danach zu beurteilen, ob die für die kaufmännische Buchführung erforderlichen Bücher geführt werden, die Bücher förmlich in Ordnung sind und der Inhalt sachlich richtig ist. Die Geschäftsvorfälle müssen sich in ihrer Entstehung und Abwicklung buchmäßig verfolgen lassen. Der Steuerpflichtige und ein sachverständiger Dritter müssen sich in dem Buchführungswerk ohne große Schwierigkeiten und in angemessener Zeit zuverlässig zurecht finden können.

Vollständigkeit und Richtigkeit sind die Voraussetzungen für die materielle Ordnungsmäßigkeit der Buchführung; dazu gehören außerdem die teilweise komplizierten Fragen der Bewertung (vgl. die Bücher „Bilanzieren nach Handels- und Steuerrecht, Teil 1 und 2" in dieser Reihe). Klarheit und Übersichtlichkeit sind Voraussetzung für die formelle Ordnungsmäßigkeit der Buchführung. Ob eine Buchführung als ordnungsgemäß anzusehen ist, hängt nicht nur von der Beachtung der in §§ 239 und 157 HGB und in den §§ 145 ff. AO angeführten Grundsätze ab, sondern auch von der Organisation der Buchführung, von der Art der geführten Bücher und von der Anwendung des Kontenrahmens durch Aufstellung eines individuellen Kontenplans. Die formelle Richtigkeit der Buchungen setzt einwandfreie Belege voraus und ist größtenteils eine Frage der zeitnahen, buchtechnisch folgerichtigen Verarbeitung. (Zur Bedeutung der Belege für die Buchführung siehe Abschnitt 8.1.4)

3.2 Grundsätze ordnungsmäßiger Buchführung im engeren Sinne

Was unter den Grundsätzen ordnungsmäßiger Buchführung im einzelnen zu verstehen ist, sagt die folgende Checkliste:

- Freie Wahl des Buchhaltungssystems: einfache, doppelte und kameralistische Buchführung. Es ist ratsam, das System der doppelten Buchführung (Doppik) zu wählen.

- Freie Wahl der Buchführungstechnik – sowohl manuelle Buchungen als auch EDV-Anlagen sind zulässig. Anstelle von schriftlichen Einzelaufzeichnungen können auch elektronische Datenträger (EDV) oder Bildträger (Mikrofilm) verwandt werden. Die gespeicherten Daten müssen jedoch jederzeit durch Bildschirm oder Ausdruck lesbar gemacht werden können.

- Unverzügliche und chronologische Erfassung aller Geschäftsvorfälle – soweit sie überhaupt buchungsfähig sind – in Form von Grundbuchaufzeichnungen und sachlich orientierten Aufzeichnungen in Konten. Gewählt werden kann sowohl eine Durchschreibebuchführung als auch eine Buchführung über EDV.

- Die EDV kann auch als ordnungsgemäße Speicherbuchführung organisiert sein. Ordnungsgemäß ist sie, wenn eine endgültige Verarbeitung der Geschäftsvorfälle, insbesondere eine sach- und personenbezogene kontenmäßige Verbuchung, vorliegt und eine Sicherung gegen unbefugte unkontrollierte Veränderung gegeben ist.

- Wirtschaftlichkeit der Buchführung wird verlangt.

- Jede Buchung muß dem tatsächlichen Vorgang entsprechen.

- Der ursprüngliche Buchungsinhalt darf nicht unleserlich gemacht werden, Bleistifteintragungen sind unzulässig.

- Zu jeder Grundbuchung müssen Belege vorhanden sein, die gesondert aufzubewahren sind.

- Buchungstext: Datum, Beleghinweis, Gegenkonto. Wenn ausnahmsweise kein Beleg erstellt worden ist (Beispiel: Umbuchung), dann muß der Buchungstext den Buchungsgrund erkennen lassen.

- Kassenvorgänge sind täglich aufzuzeichnen.

- Kreditgeschäfte müssen sofort gebucht werden und nicht erst bei Bezahlung der Rechnung.

- Für Verkäufe und Käufe auf Ziel muß ein Kontokorrentbuch mit entsprechenden Personenkonten geführt werden.

- Alle Aufzeichnungen müssen eine geeignete Grundlage zur Feststellung der Veränderung der Vermögensteile und Verbindlichkeiten sein.

- Sie müssen ebenfalls geeignet sein, den Erfolg des Geschäftsjahres zu ermitteln.

- Auch das Reinvermögen (Eigenkapital) muß sich als Ergebnis der Buchführung darstellen.

- Die geforderten Feststellungen müssen sich mühelos und rasch treffen lassen – und zwar auch für einen sachverständigen Dritten.

- Alle Bücher sind zum Ende des Geschäftsjahres ordnungsgemäß abzuschließen.

- Die zum Abschluß gehörenden Bestandsverzeichnisse wie Inventurlisten, Debitoren- und Kreditorenlisten, Warenverzeichnisse und Aufstellung der Wertpapiere müssen vollständig sein. Auch abgeschriebene Wirtschaftsgüter sind aufzuführen, eventuell mit einem Erinnerungswert.

- Die ordnungsgemäße Aufbewahrung sämtlicher Unterlagen einschließlich der Buchungsbelege muß gewährleistet sein. Bücher, Inventare und Bilanzen sind zehn Jahre, Geschäftspapiere und Belege sechs Jahre aufzubewahren.

Um obigen Grundsätzen gerecht zu werden, haben die Verbände der gewerblichen Wirtschaft Richtlinien und Kontenrahmen (Vorschläge für die Gestaltung der betrieblichen Kontenpläne) herausgebracht.

4 Inventur, Inventar

4.1 Gesetzliche Grundlagen

Jeder Kaufmann hat bei Gründung seines Unternehmens und zum Schlusse eines jeden Geschäftsjahres seine Vermögensteile und Schulden festzustellen (vgl. § 240 Abs. 1 HGB und § 140 Abs. 1 AO).

Bei Gründung des Unternehmens muß die Ausgangslage festgehalten werden, weil nur dadurch Veränderungen gegenüber dieser Ausgangslage als Betriebsergebnis (Gewinn oder Verlust) meßbar werden. Zum Schluß eines jeden folgenden Geschäftsjahres ist jeweils eine erneute Ermittlung des Vermögens und der Schulden notwendig, damit die Veränderungen ermittelt werden können und die Buchführung als Bestandsfortschreibung (Soll-Bestände) durch körperliche Überprüfung der tatsächlich vorhandenen Vermögenswerte und Schulden (Ist-Bestände) kontrolliert werden kann.

Die dazu notwendige Tätigkeit nennt man Inventur, das anzulegende Verzeichnis Inventar. In den Lägern, den Fabrikräumen, den Ladengeschäften und Kontoren muß durch Zählen, Messen, Wiegen aller am Inventurstichtag vorhandenen Vermögensgegenstände eine körperliche Bestandsaufnahme nach Art und Menge durchgeführt werden.

Daneben müssen auch alle unkörperlichen Vermögensgegenstände (z. B. Forderungen) und die Schulden, die sich aus Belegen und Büchern ergeben, wertmäßig festgestellt werden (sog. Buchinventur). Manche Unternehmen (z. B. die Banken) lassen sich den jeweiligen Kontostand vom Jahresende von ihren Geschäftsfreunden (Kunden und Lieferanten) durch Unterschrift bestätigen (Saldoanerkenntnis). Dadurch erhalten sie analog zur köperlichen Bestandsaufnahme der materiellen Vermögensgegenstände eine Kontrolle der Buchbestände von Forderungen und Schulden.

Nach der mengenmäßigen (= körperlichen) Erfassung aller Vermögensgegenstände und Schulden sind diese einzeln zu bewerten. Dafür hat der Gesetzgeber gewisse Mindestvorschriften im HGB erlassen (Vgl. §§ 252 bis 256 HGB).

Bei der Durchführung der Inventur, der art-, mengen- und wertmäßigen Ermittlung der Bestände an Vermögen und Schulden, können folgende Aufnahmearten und Bewertungsgrundsätze Verwendung finden.

4.1.1 Einzelaufnahme

Es gilt handelsrechtlich wie steuerrechtlich der Grundsatz der Einzelbewertung, weshalb jedes einzelne Wirtschaftsgut des Anlage- und Umlaufvermögens (jede Maschine, jeder Kraftwagen, jede Forderung usw.) schon bei der Inventur für sich aufzunehmen und im Inventar gesondert auszuweisen ist – mögen die Wirtschaftsgüter auch in der Buchführung auf einem Konto und in der Bilanz in einem Posten zusammengefaßt sein.

Bei nicht körperlichen Wirtschaftsgütern (Forderungen, Verbindlichkeiten u.a.) sind als Hilfsmittel der Bestandsaufnahme Unterlagen innerhalb und außerhalb des Rechnungswesens heranzuziehen (Saldenlisten, Bank- und Postscheckauszüge, offene Rechnungen, Saldenbestätigungen, Tilgungspläne u.a.).

Keinesfalls dürfen die Salden der Sachkonten ungeprüft in das Inventar übernommen werden. Die Abstimmung der Buchsalden mit dem Ergebnis der Bestandsaufnahme ist ein zweiter Arbeitsgang, der zugleich Kontrollfunktionen erfüllt.

4.1.2 Gruppenaufnahme

Soweit dies den Grundsätzen ordnungsmäßiger Buchführung entspricht, können bei der Aufstellung des Inventars gleichartige Vermögensgegenstände, bei denen nach der Art des Bestandes oder auf Grund sonstiger Umstände ein gewogener Durchschnittswert bekannt ist, zu einer Gruppe zusammengefaßt werden. Voraussetzung ist, daß es sich entweder um Vermögensgegenstände des Vorratsvermögens oder um andere annähernd gleichwertige bewegliche Vermögensgegenstände handelt. Die Gruppenbewertung, die handels- (§ 240 Abs. 4 HGB) und steuerrechtlich (Abschnitt 36 Abs. 4 EStR) anerkannt wird, ist sowohl beim Anlagevermögen wie beim Umlaufvermögen zulässig. Sie führt zu einer Vereinfachung der Wertermittlung, nicht der Mengenaufnahme.

4.1.3 Festbestände

Soweit dies den Grundsätzen ordnungsmäßiger Buchführung entspricht, können bei der Aufstellung des Inventars Gegenstände mit einer gleichbleibenden Menge und mit einem gleichbleibenden Wert angesetzt werden, wenn ihr Bestand in seiner Größe, seinem Wert und seiner Zusammensetzung nur geringen Veränderungen unterliegt und ihr Gesamtwert für das Unternehmen von nachrangiger Bedeutung ist. Jedoch ist i. d. R. alle drei Jahre eine körperliche Bestandsaufnahme durchzuführen. Die Festbewertung kommt handelsrechtlich wie steuerlich beim Anlagevermögen und bei Roh-, Hilfs- und Betriebsstoffen in Betracht (§ 240 Abs. 3 HGB, Abschnitt 36 Abs. 5 EStR). Durch die Übernahme des Vorjahresansatzes entfallen regelmäßig Mengen- und Wertfeststellungen. Ersatzbeschaffungen (z. B. bei Gerüst- und Schalungsteilen) ändern in normalem Umfang den Vermögensansatz nicht, da sie nur die als unbrauchbar ausgeschiedenen Teile ersetzen.

4.1.4 Inventur mit Hilfe von Stichproben

Neben der körperlichen und buch(beleg-)mäßigen Aufnahme kann insbesondere für Vorräte an Roh-, Hilfs- und Betriebsstoffen sowie unfertigen Erzeugnissen eine Stichprobeninventur in Betracht kommen. Nach § 241 Abs. 1 HGB ist es zulässig, den Bestand der Vermögensgegenstände nach Art, Menge und Wert mit Hilfe anerkannter mathematisch-statistischer Methoden auf Grund von Stichproben zu ermitteln.

Die Inventur mit Hilfe von Stichproben ist dann angebracht, wenn eine vollständige körperliche Bestandsaufnahme praktisch nicht möglich, mit zu großen Unsicherheiten behaftet oder nicht zumutbar ist und die durch die Stichprobeninventur ermittelten Mengen und Werte der Bestände gleich genau oder genauer sind als bei vollständiger körperlicher Bestandsaufnahme zu erwarten ist. In jedem Fall muß das so erstellte Inventar den gleichen Aussagewert wie ein aufgrund einer körperlichen Bestandsaufnahme erstelltes haben.

Merke: Die Inventur ist die obligatorische art-, mengen- und wertmäßige jährliche Bestandsaufnahme aller Vermögensgegenstände und Schulden des Unternehmens.

Auf die jährliche Bestandsaufnahme kann nicht verzichtet werden, da sie die Voraussetzung einer jeden ordnungsmäßigen Buchführung ist. Sie ermöglicht die Nachprüfbarkeit und vorherige Kontrolle der Bilanzansätze auf ihre Vollständigkeit und die Richtigkeit bzw. Zulässigkeit ihrer Bewertung; sie bildet ferner die notwendige Grundlage für die Eröffnung und den Abschluß der Buchführung einer Rechnungsperiode.

Maßgebend für die art-, mengen- und wertmäßige Erfassung des Vermögens und der Schulden sind grundsätzlich die Verhältnisse am Schluß des Geschäftsjahres, d. h. am Ende des Bilanzstichtages (= Inventurstichtag).

4.2 Inventurverfahren

§ 241 HGB sieht insbesondere für die körperliche Bestandsaufnahme der Vorräte die folgenden verschiedenen Möglichkeiten der Inventurdurchführung vor, wobei die Bestandsaufnahme verschiedener Vermögensgegenstände jeweils nach unterschiedlichen Verfahren erfolgen kann.

4.2.1 Stichtagsinventur (§ 240 Abs. 1 und 2 HGB)

Bilanzstichtag und Inventurstichtag fallen hier zusammen. Die Inventur zum Abschlußstichtag braucht steuer- und handelsrechtlich nicht am Bilanzstichtag selbst vorgenommen zu werden, muß jedoch höchstens 10 Tage vor oder nach dem Abschlußstichtag (zeitnah) abgeschlossen sein, wobei sichergestellt sein muß, daß eine Vor- bzw. Rückrechnung auf den genauen Bestand am Abschlußstichtag möglich ist (vgl. Abschnitt 30 Abs. 1 EStR). Bei der Stichtagsinventur (Bilanzstichtagsinventur) handelt es sich um die sicherste Methode zur Überprüfung der am Bilanzstichtag effektiv vorhandenen Bestände.

Der Abschlußstichtag muß nicht mit dem Ende des Kalenderjahres übereinstimmen. Das Geschäftsjahr muß lediglich einen Zeitraum von (höchstens) 12 Monaten umfassen und kann im übrigen zu jedem Zeitpunkt innerhalb des Kalenderjahres enden, i. d. R. zu einem Monatsultimo (so kann ein Geschäftsjahr z. B. laufen vom 01.04.01 bis 31.03.02). Mit der Wahl eines solchen vom Kalenderjahr „abweichendenWirtschaftsjahres" kann der Kaufmann gleichzeitig den für seine Branche günstigsten Inventurstichtag bestimmen bzw. aus der Hauptsaison herauslegen in Zeiten, in denen seine Warenläger die niedrigsten Bestände haben.

Trotzdem kann die Inventur besonders im Hinblick auf die Erfassung der Vorräte am Abschlußstichtag noch unzumutbar zeitraubend (Betriebsunterbrechung oder -schließung) und schwierig sein (z. B. Witterungsbedingungen bei Freilägern im Winter). Für solche Fälle sieht das HGB weitere Erleichterungen der Inventur vor (sog. Inventurvereinfachungsverfahren).

4.2.2 Verlegte (Stichtags-) Inventur (§ 241 Abs. 3 HGB)

Statt einer echten Stichtagsinventur erlaubt das Handels- und Steuerrecht auch die Verlegung der Inventurarbeiten auf einen Zeitpunkt innerhalb der letzten drei Monate vor oder zwei Monate nach dem Abschlußstichtag (vgl. auch Abschnitt 30 Abs. 3 EStR).

Die schriftlich festgehaltenen Inventurwerte müssen dann auf den Abschlußstichtag fortgeschrieben oder zurückgerechnet werden. Diese Fort- und Rückschreibung muß nicht mehr nach Art und Menge, sondern nur noch wertmäßig erfolgen. Hier wird auf den Bilanzstichtag gar kein Inventar mehr erstellt. Die Erleichterung besteht darin, daß die Inventurarbeiten in ruhigere Zeiten verlegt werden können, ohne daß es der mengenmäßigen Aufschreibung der Bestandsänderungen (wie bei der folgenden permanenten Inventur) bedarf.

Die zeitlich verlegte Inventur ist für alle körperlichen Vermögensgegenstände zugelassen, z. B. auch für Grundstücke. Die Anwendbarkeit ist ausgeschlossen für die Aufnahme von Beständen mit unkontrollierbaren Abgängen (z. B. durch Schwund, Verdunsten oder Verderb) oder von besonders wertvollen Vermögensgegenständen (vgl. Abschnitt 30 Abs. 4 EStR). Praktisch kommt dieses Verfahren aber in erster Linie für die Vorräte in Betracht, die nur geringen Preisschwankungen unterliegen.

Ein Inventar auf den Bilanzstichtag entfällt bei der verlegten Inventur, deshalb spricht das Gesetz von einem besonderen Inventar auf einen abweichenden Inventurstichtag. Für verschiedene Gruppen des Vorratsvermögens kann das besondere Inventar zu verschiedenen Stichtagen aufgestellt werden.

Die Errechnung beispielsweise des Warenbestandes zum Bilanzstichtag erfolgt dann nach folgender Formel (Vgl. Abschnitt 30 Abs. 3 Satz 9 EStR):

Warenwert im besonderen Inventar (15.10.02)
+ Wert des Wareneingangs bis zum Bilanzstichtag (16.10.02
bis 31.12.02)
− Wert des Wareneinsatzes bis zum Bilanzstichtag (16.10.02
bis 31.12.02)

= Wert des Warenbestandes zum Ende des Geschäftsjahres zum 31.12.02

4.2.3 Permanente Inventur (§ 241 Abs. 2 HGB)

Mit ihr sollen verschiedene Mängel der Stichtagsinventur beseitigt werden. Der Bestand für den Bilanzstichtag kann bei der permanenten Inventur nach Art und Menge aus der in diesem Falle obligatorischen Lagerkartei (also buchmäßig) entnommen werden. Voraussetzung ist allerdings, daß die Lagerbücher belegmäßig nachgewiesene Einzelangaben über die Bestände und über alle Zu- und Abgänge während des Geschäftsjahres nach Tag, Art, Menge und Wert enthalten.

Während des Geschäftsjahres muß jedoch mindestens einmal zu einem beliebigen Zeitpunkt eine Überprüfung der Buchbestände der Lagerkartei durch eine körperliche Bestandsaufnahme erfolgen. Die permanente Inventur ist somit keine bloße Buchinventur, sondern eine Buchinventur mit beliebig vor-

bzw. nachverlegter körperlicher Kontrolle. Bilanz- und Inventurtag fallen auseinander, das Inventar wird zum Bilanzstichtag buchmäßig erstellt. Es wird dabei in Kauf genommen, daß der buchmäßig ausgewiesene Bestand zum Abschlußstichtag (Sollbestand) evtl. nicht mit dem nur durch eine Stichtagsinventur feststellbaren Istbestand übereinstimmt.

Auch bei der permanenten Inventur gilt deren Nichtanwendbarkeit für die Aufnahme von Beständen mit unkontrollierbaren Abgängen oder von besonders wertvollen Vermögensgegenständen. Ihre Verwendung ist außerdem unzweckmäßig bei Gegenständen, bei denen laufend zahlreiche Veränderungen eintreten. Wo Veränderungen dagegen nur gering sind oder in größeren Schüben erfolgen, ist die permanente Inventur in der Industrie weit verbreitet, so z. B. für die Läger von Roh-, Hilfs- und Betriebsstoffen sowie für halbfertige und fertige Produkte. Verwendung findet sie auch beim Anlagevermögen, wo eine Bestandsbuchführung in Form von Anlagekarteien seit langer Zeit üblich und anerkannt ist (vgl. Abschnitt 31 Abs. 6 EStR).

Die Abstimmung der Buchbestände mit den tatsächlichen Beständen braucht im übrigen nicht für alle Vermögenswerte, für die eine permanente Inventur vorgesehen ist, gleichzeitig zu erfolgen, wodurch die Störungen im Betrieb durch Inventuraufnahmen auf ein Minimum begrenzt werden können. Festgestellte Soll-Ist-Abweichungen führen zu entsprechenden Korrekturen der Buchbestände der Lagerkartei während des Geschäftsjahres.

Wie bereits erwähnt, können die verschiedenen Inventurverfahren nebeneinander und zeitlich gestaffelt zur Anwendung kommen, wobei nur für eine geeignete Abgrenzung gesorgt werden muß, damit sowohl Doppelerfassungen wie auch Nichterfassungen vermieden werden. Beispielsweise kann in einer Firma folgendes Inventurschema festgelegt werden:

Vermögensgegenstände	Inventurverfahren
Sachanlagen	permanente Inventur (Abschnitt 31 Abs. 6 EStR)
Formen und Maschinen- werkzeuge	Festwert (Abschnitt 31 Abs. 5 EStR)
Finanzanlagen	Buchinventur
Rohstoffe und Ersatzteile	permanente Inventur (Abschnitt 30 Abs. 2 EStR)
Werkstattbestand	zeitlich verlegte Inventur
Handelswaren	zeitlich verlegte Inventur
Forderungen, Guthaben	Buchinventur Vergleich mit Saldoanerkenntnis
Schecks, Besitzwechsel	körperliche Aufnahme Vergleich mit Scheck-, Skonto und Wechselkopierbuch
Kasse	zeitlich verlegte Inventur
Verbindlichkeiten	Buchinventur, Vergleich mit angeforderten Kontoauszügen
Rückstellungen, Rechnungsab- grenzungsposten	Buchinventur und rechnerischer Nachweis

Inventurschema

4.3 Inventar

Das Verzeichnis, das die durch eine Inventur festgestellten Vermögenswerte und Schulden aufnimmt, wird Inventar oder Bestandsverzeichnis genannt. Für einen bestimmten Zeitpunkt werden hierin die einzelnen vorhandenen Vermögenswerte und Schulden lückenlos, richtig, nachprüfbar, klar und übersichtlich nach Art, Menge und Wert zusammengestellt.

Merke: Das Inventar ist das ausführliche Verzeichnis über das art-, mengen- und wertmäßige Ergebnis der Inventur.

Als Vermögen sind nur die Betriebswerte in das Inventar aufzunehmen, die im Eigentum der Unternehmung stehen. Dabei ist der volle Wert anzusetzen, auch wenn der Vermögensgegenstand mit Schulden belastet ist. Die Pflicht zur lückenlosen Erfassung sämtlicher Vermögensgegenstände verlangt auch die Aufnahme „wertloser" oder bereits völlig abgeschriebener Gegenstände in Form eines Merkpostens. Als Schulden sind nur rechtlich begründete Fremdansprüche, nicht Eventualverpflichtungen (Bürgschaften, Garantieversprechen etc.) aufzunehmen.

Das Inventar ist mit Ort und Datum zu versehen und vom Unternehmer eigenhändig zu unterschreiben (§ 245 HGB). Bestandsverzeichnisse, die häufig in ein Inventarbuch eingetragen werden, sind mindestens 10 Jahre in zusammenhängender Folge aufzubewahren.

Das Inventar wird gegliedert in:

■ Verzeichnis aller Vermögensteile (Rohvermögen)

■ Verzeichnis aller Schulden (Fremdkapital)

Die Vermögensteile werden grundsätzlich nach ihrer zeitlichen Bindung im Unternehmen in zwei Gruppen unterschieden, und zwar in das Anlagevermögen und in das Umlaufvermögen.

Zum Anlagevermögen gehören alle Vermögensteile, die dauernd dem Betrieb zu dienen bestimmt sind und die zur Aufrechterhaltung des Betriebes dauerhaft notwendig sind. Dazu gehören z. B. Grundstücke, Gebäude, Maschinen, Fahrzeuge, Geschäfts- und Betriebsausstattung, Beteiligungen etc.

Als Umlaufvermögen gelten dagegen jene Vermögensteile, die nicht längere Zeit im Betrieb verbleiben, sondern durch Umsatzakte sich ständig verändern. Hierzu gehören z. B. Waren, Kundenforderungen, Besitzwechsel, Bank- und Postscheckguthaben oder Bargeld.

Die Vermögensteile werden im Inventar nach ihrer Liquidierbarkeit, d. h. mit zunehmender Liquidität (Geldnähe) gegliedert, also z. B. beginnend mit Grundstücken und endend mit dem Kassenbestand.

Die Schulden gliedert man nach ihrer Fälligkeit bzw. Dringlichkeit der Zahlung. Man unterscheidet die langfristigen Schulden (Hypotheken-, Darlehensschulden) von den mittel- und kurzfristigen Schulden (Lieferantenverbindlichkeiten, Bankschulden etc.).

Bildet man die Differenz zwischen der Summe aller Vermögensteile und der Summe aller Schulden, so erhält man als Reinvermögen das vom Unternehmer selbst dem Betrieb gewidmete Eigenkapital. Übersteigen die Schulden das Vermögen, ist das Unternehmen überschuldet. Diese Differenzbildung ist jedoch nicht Aufgabe des Inventars.

Beispiel für die Gliederung eines Inventars

A) Vermögensteile

I. Anlagevermögen

  1. Bebaute Grundstücke
  2. Unbebaute Grundstücke
  3. Maschinen
  4. Fuhrpark
  5. Betriebs- und Geschäftsausstattung

II. Umlaufvermögen

  1. Waren
  2. Forderungen
  3. Bank/Postscheck
  4. Kasse

B) Schulden

I. Langfristige Schulden (Laufzeit über 4 Jahre)

  1. Hypothekenschulden
  2. Darlehensschulden

II. Kurz- und mittelfristige Schulden (Grenze 1 Jahr)

  1. Darlehensschulden
  2. Bankschulden
  3. Verbindlichkeiten

Das Inventar ist eine für einen bestimmten Stichtag gültige Aufstellung, die u. a. zur Ermittlung des Reinvermögens als einer statischen Größe (Zeitpunktgröße) dienen kann.

Summe der Vermögensteile
– Summe der Schulden
―――――――――――――――――
= Reinvermögen bzw. Eigenkapital

Mit Hilfe mehrerer Inventare kann man auch den Erfolg (Gewinn oder Verlust) fiir eine Rechenperiode (Zeitraumgröße) ermitteln.

4.3.1 Erfolgsermittlung durch Kapitalvergleich

Durch Vergleich des Inventars vom Ende eines Geschäftsjahres mit dem Inventar vom Ende des vorangegangenen Geschäftsjahres (komparativ statischer Vergleich) läßt sich anhand der eingetretenen Eigenkapitaländerung der zahlenmäßige Erfolg (Gewinn oder Verlust) des abgelaufenen Geschäftsjahres errechnen; über die Quellen und die Zusammensetzung des Erfolges sind dabei allerdings keine Angaben möglich.

Die so festgestellte Eigenkapitalveränderung entspricht jedoch nur dann dem Jahreserfolg, wenn während des abgelaufenen Geschäftsjahres weder Kapitaleinlagen noch Kapitalentnahmen durch den Unternehmer stattgefunden haben. Diese ändern nämlich definitionsgemäß ebenfalls die Größe Eigenkapital, sind jedoch keine erfolgswirksamen, sondern erfolgsneutrale Vorgänge (d. h. sie ändern nicht den Gewinn oder Verlust). Will man die Eigenkapitaländerungen auf Grund von Einlagen und Entnahmen des Unternehmers ausscheiden, so muß man die getätigten Entnahmen wieder hinzurechnen und die vorgenommenen Einlagen wieder abziehen. Die dann sich ergebende Eigenkapitalveränderung stellt den tatsächlichen Erfolg des abgelaufenen Geschäftsjahres dar.

Die Erfolgsermittlung durch komparativ statischen Vergleich mehrerer Stichtagswerte (Inventarstichtage) läßt keine Aussagen über Quellen und Zusammensetzung des lediglich als absolute Differenz zweier Eigenkapitalgrößen ermittelten Erfolges zu. Als relativ „primitive" Erfolgsermittlungsmethode ist sie daher für die Praxis unbrauchbar. Sie läßt weder eine Analyse der Zusammensetzung des Erfolgs zu, noch ist sie für Zwecke der Kontrolle oder Besteuerung verwendbar, da Aussagen bzw. Aufzeichnungen für die Zeit zwischen den Stichtagen fehlen.

5 Die Bilanz

Gemäß § 242 Abs. 1 HGB ist die Bilanz der „das Verhältnis des Vermögens und der Schulden darstellende Abschluß". Die Bilanz hat somit den gleichen Inhalt wie das Inventar. Sie unterscheidet sich davon allerdings in formeller Hinsicht weitgehend, da sie gleichartige Inventarposten im Interesse der Übersichtlichkeit summarisch zusammenfaßt, sich auf die Darstellung des Wertes der Vermögensteile unter Verzicht auf Mengenangaben beschränkt und als Darstellungsform das Konto benutzt.

Merke: Die Bilanz basiert auf dem Inventar.
Grundsatz: Keine Bilanz ohne Inventar!
Die Bilanz enthält nur überprüfte Istbestände.

5.1 Inhalt der Bilanz

Während das Inventar eine ausführliche und genaue Zusammenstellung der Vermögensteile und Schulden darstellt, ist die Bilanz eine gedrängte Gegenüberstellung.

Die linke Seite der Bilanz, die man als Aktiv- oder Vermögensseite bezeichnet, zeigt, in welcher Form das Vermögen vorhanden ist.

Die rechte Seite der Bilanz, die man auch Passiv-, Kapital- oder Schuldenseite nennt, zeigt, wer die zur Anschaffung der aktiven Wirtschaftsgüter erforderlichen Mittel zur Verfügung gestellt hat. Während die Passivseite somit die Quellen des Kapitals, die Kapitalherkunft, angibt, zeigt die Aktivseite die Kapitalverwendung auf.

Vermögens-oder Aktivseite	Kapital-oder Passivseite
zeigt:	zeigt:
Kapitalverwendung	Kapitalherkunft
Vermögensformen	Vermögensquellen
Anlagenvermögen	Eigenkapital
+	+
Umlaufvermögen	Fremdkapital

= Vermögen (Aktiva)   =   = Kapital (Passiva)

Die rechnerische Gleichheit beider Bilanzseiten kann in der sog. Bilanzgleichung zum Ausdruck gebracht werden:

$$\text{Vermögensformen} = \text{Vermögensquellen}$$
$$\text{Aktiva} = \text{Passiva}$$
$$\text{Vermögen} = \text{Kapital}$$

Setzt man für „Kapital" die Kategorien Eigenkapital + Fremdkapital in die Bilanzgleichung ein, so erhält man als erweiterte Bilanzgleichung:

$$\text{Vermögen} = \text{Eigenkapital} + \text{Fremdkapital}$$
$$\text{oder} \quad \text{Eigenkapital} = \text{Vermögen} - \text{Fremdkapital}$$
$$\text{oder} \quad \text{Fremdkapital} = \text{Vermögen} - \text{Eigenkapital}$$

Zur Gliederung der Bilanz sei auf das Buch „Bilanzieren nach Handels- und Steuerrecht, Teil 1" verwiesen. Das Buch ist ebenfalls in dieser Buchreihe erschienen.

5.2 Wertänderungen in der Bilanz

Die Bilanz ist eine nur für einen ganz bestimmten Zeitpunkt gültige Gegenüberstellung von Vermögen und Kapital. Jeder einzelne Geschäftsvorfall nach dem Abschlußzeitpunkt bringt zwangsläufig eine Veränderung von mindestens zwei Bilanzwerten mit sich. Damit die Bilanzgleichung nämlich auch weiterhin gewahrt bleibt, muß jede Änderung eines Bilanzpostens gleichzeitig zu wenigstens einer korrespondierenden Änderung irgend eines anderen Bilanzpostens führen.

Dabei kann man die Geschäftsvorfälle in drei Gruppen einteilen:

■ Erfolgsneutrale Vermögens- und Kapitalumschichtungen

■ Erfolgsneutrale Vermögens- und Kapitaländerungen

■ Erfolgswirksame Vermögens- und Kapitaländerungen

5.2.1 Erfolgsneutrale Vermögens- und Kapitalumschichtungen

Der Aktivtausch

Beim Aktivtausch werden mindestens zwei Bilanzposten der Aktivseite geändert, wobei die Zunahme eines (oder mehrerer) Aktivposten genau der Abnahme eines (oder mehrerer) anderer Aktivposten entspricht.

Beispiel:
Wareneinkauf gegen Barzahlung. Hierbei nimmt der Warenbestand zu und der Kassenbestand um genau denselben Betrag ab.

Es ist einleuchtend, daß ein solcher Vorgang nur die Zusammensetzung des Vermögens ändert (Vermögensumschichtung) und weder die Summe der Aktiva (Bilanzsumme) noch das Eigenkapital beeinflußt, mithin erfolgsneutral ist. Definitionsgemäß ist nämlich für die Erfolgswirksamkeit eine Eigenkapitaländerung erforderlich.

Der Passivtausch

Beim erfolgsneutralen Passivtausch werden mindestens zwei Bilanzposten der Passivseite ohne eine Beeinflussung der Eigenkapitalgröße verändert.

Beispiel:
Wir bezahlen eine Verbindlichkeit mit Wechsel. Hierbei nimmt die Postion Verbindlichkeiten ab und die Position Schuldwechsel analog zu; der Tauschvorgang berührt allein die Passivseite der Bilanz.

5.2.2 Erfolgsneutrale Vermögens- und Kapitaländerungen

Aktiv-Passivtausch

Die erfolgsneutralen Vermögensänderungen betreffen beide Bilanzseiten gleichzeitig, sie ändern die Summe des Vermögens und des Kapitals. Dabei ergibt sich entweder eine gleichzeitige Werterhöhung von Aktiv- und Passivkonten (Aktiv-Passiv-Mehrung, Bilanzverlängerung) oder die gleichzeitige Wertverminderung beider Bilanzseiten um denselben Betrag (Aktiv-Passiv-Minderung, Bilanzverkürzung).

Beispiel:
Wir kaufen Waren gegen Ziel. Die Aktivposten Warenvorräte und der Passivposten Verbindlichkeiten aus Warenlieferungen nehmen gleichzeitig in gleicher Höhe zu (= Bilanzverlängerung).

Wird die Verbindlichkeit später mit einem Bankscheck beglichen, bewirkt dies eine Verminderung des Bankguthabens sowie der Verbindlichkeiten, die Bilanzsumme verringert sich (= Bilanzverkürzung).

5.2.3 Erfolgswirksame Vermögens- und Kapitaländerungen

Bisher sind durch die Geschäftsvorfälle nur aktive und/oder passive Bestandspositionen der Bilanz mit Ausnahme der Position Eigenkapital verändert worden. Viele Geschäftsvorfälle bewirken jedoch nicht nur eine Umschichtung von Vermögenswerten und Schulden, sondern auch eine betragsmäßige Änderung der Eigenkapitalgröße.

Wenn uns beispielsweise die Bank Zinsen gutschreibt, wird zunächst als aktiver Bilanzposten das Bankguthaben erhöht. Da sich weder gleichzeitig ein anderer Vermögensbestand vermindert (also kein Aktivtausch), noch eine Position unter den Schulden erhöht (also auch keine erfolgsneutrale Aktiv-Passiv-Mehrung), kann die notwendige korrespondierende Änderung zur Wiederherstellung des Bilanzgleichgewichts nach der Zinsgutschrift auf dem Bankkonto nur bei der Bilanzposition Eigenkapital vorgenommen werden. Das Eigenkapital wird betragsgleich erhöht, es ist ein Ertrag (= Eigenkapitalmehrung) zu verzeichnen gewesen. Der Geschäftsvorfall war in voller Höhe erfolgswirksam; es fand bilanziell eine Aktiv-Passiv-Mehrung statt.

Wenn wir eine Stromrechnung aus der Kasse bezahlen, nimmt zunächst der Kassenbestand ab, ohne daß wir einen anderen Bilanzposten – außer dem Eigenkapital – gleichzeitig ändern können. Die Bezahlung der Stromrechnung mindert den Kassenbestand und das Eigenkapital, es wurde ein Aufwand (= Eigenkapitalminderung) getätigt; bilanziell vollzog sich eine Aktiv-Passiv-Minderung.

Zu einer Eigenkapitaländerung kommt es auch, wenn sich zwei (oder mehrere) Aktiv- und/oder Passivposten um einen insgesamt unterschiedlichen Betrag ändern (teilweise erfolgswirksame Vermögensänderung, teilweise erfolgsneutrale Vermögensumschichtung). Die zur Wiederherstellung der Bilanzgleichung erforderliche korrespondierende Änderung wird in allen Fällen bei der Eigenkapitalposition vorgenommen. Definitionsgemäß ist dabei jede Eigenkapitaländerung ein Erfolg, die Eigenkapitalmehrung ein Ertrag, die Eigenkapitalminderung ein Aufwand.

Beispiel:
Verkaufen wir Waren, die wir für 1000,– DM eingekauft haben beispielsweise für 1200,– DM in bar, dann nimmt der Bestand an Waren um den Einkaufspreis von 1000,– DM ab (Aktivtausch), und der Kassenbestand erhöht sich um 1200,– DM; die Differenz von 200,– DM muß, da die Aktivseite der Bilanz jetzt um 200,– DM höher geworden ist, als Ertrag zum Eigenkapital hinzugerechnet werden (Aktiv-Passiv-Mehrung).

Merke: Aufwendungen und Erträge werden durch die Geschäftsvorfälle verursacht, die das Eigenkapital in seiner Höhe verändern. Aufwendungen vermindern und Erträge erhöhen dabei das Eigenkapital.

6 Buchen auf Konten

6.1 Die Buchung auf den Bestandskonten

6.1.1 Die Auflösung der Bilanz in Konten

Jeder der zahlreichen täglichen Geschäftsvorfälle ändert somit erfolgswirksam oder erfolgsneutral die Zusammensetzung der Bilanz und/oder der Bilanzsumme, ohne jedoch jemals die Bilanzgleichung zerstören zu können. Theoretisch könnte man die durch einen einzelnen Geschäftsvorfall ausgelösten Veränderungen bei verschiedenen Beständen jeweils durch Aufstellung einer neuen, geänderten Bilanz erfassen. In der Praxis ist dies jedoch undurchführbar, weshalb man sich der Erfassung der zahlreichen Geschäftsvorfälle auf Konten bedient, dem Fundament der eigentlichen Buchhaltung.

Merke: Als Konto bezeichnet man eine zweiseitig geführte Rechnung. Die linke Kontoseite bezeichnet man als Soll-, die rechte als Haben-Seite.

Bei der Auflösung der Bilanz in Konten wird für jeden Bilanzposten ein entsprechendes Konto eröffnet. Sachlich ändert sich dadurch nichts. Die Bilanzposten werden lediglich aus der Bilanz herausgenommen und als Einzelabrechnung in Kontoform geführt. Die einzelnen Konten können jederzeit wieder zu einer Bilanz zusammengefügt werden.

	Anfangsbilanz	
Aktiva		**Passiva**
Waren 7.000,–	Eigenkapital	6.000,–
Kasse 4.500,–	Verbindlichkeiten	5.500,–
11.500,–		11.500,–

S	Waren	H	S	Eigenkapital	H
AB	7.000,–			AB	6.000,–

S	Kasse	H	S	Verbindlichkeiten	H
AB	4.500,–			AB	5.500,–

Das Konto wird zunächst auf der gleichen Seite, auf der die Position in der Bilanz steht, mit dem Anfangsbestand (AB) eröffnet. Der Anfangsbestand aller aktiven Bilanzpositionen steht somit immer im Soll, der Anfangsbestand aller passiven Bilanzposten im Haben.

Die Bezeichnungen „Soll" und „Haben" für die beiden Seiten des Kontos haben sich mit der Zeit eingebürgert und sind lediglich historisch erklärbar. Sie wurden aus den beiden Seiten des Forderungskontos entwickelt: Der Schuldner soll zahlen, bzw. wir haben erhalten.

Soll	Forderungen	Haben
er **soll** zahlen 300	wir **haben** erhalten	180

Die Kontenseitenbezeichnungen, welche für das Forderungskonto üblich geworden sind, wurden später auf alle Konten übertragen, auch wenn sie dort ihren Erklärungsgehalt verloren haben.

40

6.1.2 Die Auswirkungen von Bestandsveränderungen

Das Konto ist eine zweiseitig geführte Rechnung, bei der die Bestandszugänge getrennt von den Bestandsabgängen aufgezeichnet werden. Es gibt zu jeder Zeit Auskunft über die laufende Veränderung der aus der Bilanz übernommenen Anfangsbestände auf Grund zwischenzeitlicher Zu- oder Abgänge. Dabei werden auf allen aktivischen wie passivischen Bestandskonten immer die Zugänge auf der Seite des Anfangsbestandes und alle Abgänge auf der Gegenseite verbucht.

Will man zu einem beliebigen Zeitpunkt den tatsächlichen Bestand des Kontos ermitteln, saldiert man die Minderungen mit den Beträgen auf der anderen Seite (Anfangsbestand + Mehrungen) und erhält auf diese Weise den Schlußbestand (SB). Das Konto wird abgeschlossen durch den Saldo, den Unterschiedsbetrag zwischen beiden Seiten des Kontos, der zum Ausgleich auf der kleineren Seite eingesetzt wird, damit Summengleichheit auf beiden Seiten des Kontos besteht (siehe nächste Seite).

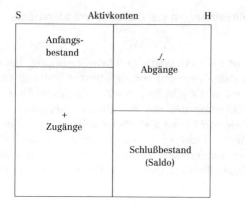

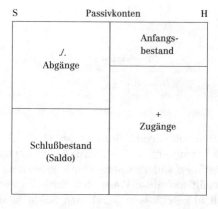

Saldieren nennt man die Ermittlung des Unterschieds zwischen den beiden Seiten des Kontos. Der Saldo ist der Posten, der auf die kleinere Seite des Kontos gesetzt wird, um die Summengleichheit zwischen Soll- und Habenseite des Kontos herzustellen. Dabei bezeichnet man einen Saldo stets nach der größeren Seite des Kontos: Ein Habensaldo steht somit im Soll und ein Sollsaldo im Haben.

6.1.3 Die doppelte Buchung

Es wurde bereits ausgeführt, daß jeder Geschäftsvorfall immer mindestens zwei Bilanzpositionen berühren muß, damit stets die Summengleichheit zwischen Aktiv- und Passivseite der Bilanz gewahrt bleibt. Aus diesem Grunde muß jeder Vorgang, der Anlaß zu einer Buchung gibt, zweimal verbucht werden, und zwar stets auf einem Konto im Soll und auf einem anderen Konto im Haben, wobei man zweckmäßigerweise immer mit der Sollbuchung beginnt.

Beispiele:

a) Wareneinkauf gegen Barzahlung von 5.000,– DM (Aktivtausch). Auf dem Warenkonto erfolgt eine Bestandsmehrung, also Buchung im Soll; auf dem Kassenkonto stellt sich gleichzeitig eine Bestandsminderung ein, also Buchung im Haben.

b) Wir bezahlen eine Verbindlichkeit über 1500,– DM mit einem Wechsel (Passivtausch). Es ergibt sich bei den Verbindlichkeiten eine Bestandsminderung (= Sollbuchung) und beim Konto Schuldwechsel eine Bestandsmehrung (= Habenbuchung).

c) Wareneinkauf auf Ziel für 8.000,– DM (Aktiv-Passiv-Mehrung). Bestandsmehrung auf dem Warenkonto (= Sollbuchung). Bestandsmehrung auf dem Konto Verbindlichkeiten (= Habenbuchung).

d) Wir bezahlen den Schuldwechsel bar (Aktiv-Passiv-Minderung). Bestandsminderung bei den Schuldwechseln (= Sollbuchung). Bestandsminderung auf dem Kassenkonto (= Habenbuchung).

Abbildung der Konten siehe nächste Seite.

S	Kasse	H		S	Verbindlichkeiten		H
AB	---	a) 5.000,--		b) 1.500,--		AB	---
		d) 1.500,--				c) 8.000,--

S	Waren	H		S	Schuldwechsel		H
AB	---			d) 1.500,--		AB	---
a) 5.000,--						b) 1.500,--
c) 8.000,--						

Bei der Buchung auf den Konten spricht man von „belasten"
(Lastschrift) bei Eintragungen auf der Sollseite und von „erkennen" (Gutschrift) bei Buchungen auf der Habenseite. Diese
Begriffe treffen auf das Eigenkapitalkonto zu, werden aber für
alle übrigen Konten ebenso verwandt.

Soll	Konto	Haben
Lastschrift belasten		Gutschrift erkennen

Ist eine Buchung unrichtig erfolgt (falsches Konto, falscher
Betrag), so muß diese korrigiert werden, wobei die ursprüngliche Buchung grundsätzlich nicht ausgestrichen, sondern
durch eine umgekehrte Stornobuchung aufgehoben wird, der
dann die richtige Buchung folgt. Auch für die Stornobuchung
gelten die Grundsätze der Doppelbuchung. Deshalb kann ein
buchungstechnischer Fehler, wie z. B. die zweimalige Buchung desselben Vorgangs auf der Soll- oder der Habenseite,
nicht durch eine Stornobuchung beseitigt werden. In solchen
Fällen kann eine Streichung der falschen Eintragung vorgenommen und anschließend die richtige Kontoseite belastet
bzw. erkannt werden.

System der Geschäftsvorfälle:

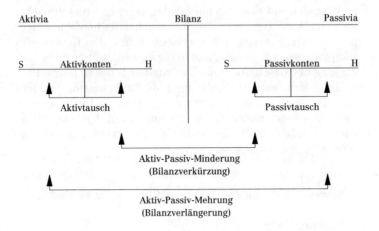

Bilanzveränderung	Sollbuchung	Habenbuchung
Aktivtausch	Aktivmehrung	Aktivminderung
Passivtausch	Passivminderung	Passivmehrung
Aktiv-Passiv-Mehrung	Aktivmehrung	Passivmehrung
Aktiv-Passiv-Minderung	Passivminderung	Aktivminderung

45

6.1.4 Buchungssatz und Kontenruf

Die von einem Geschäftsvorfall betroffenen Konten werden meist gleich auf dem Buchungsbeleg vermerkt und zunächst im Grundbuch (vgl. Seite 74) in zeitlicher Reihenfolge eingetragen, bevor sie später geschlossen auf die Konten des Hauptbuches (vgl. Seite 75) übertragen werden. Für diese Eintragung des Geschäftvorfalls im Grundbuch hat sich eine Darstellungsform entwickelt, die man als Buchungssatz bezeichnet. Dieser benennt die Konten, auf denen gebucht werden muß, und zwar immer zuerst das Konto, auf dem die Sollbuchung erfolgen muß; die beiden Konten werden durch das Wörtchen „an" verbunden.

Beispiel:
Wareneinkauf auf Ziel 2.000,– DM bei der Firma Teufel.

Buchungssatz:

Konto Waren 2.000,– DM an Konto Verbindlichkeiten
Fa. Teufel 2.000,– DM

Merke: Keine Buchung ohne Gegenbuchung!

Nähere Erläuterungen zum Buchungssatz, die diese verständlich und nachvollziehbar machen sollen, bezeichnet man als Buchungstext. Die Eintragung im Grundbuch kann vereinfacht werden; es kann sowohl das Wort Konto als selbstverständlich entfallen, als auch der Betrag nur einmal genannt werden.

Der Buchungssatz lautet dann nur noch:

Waren an Verbindlichkeiten 2.000,– DM

Neben den sog. einfachen Buchungssätzen, bei denen nur zwei Konten angesprochen werden, gibt es noch sog. zusammengesetzte Buchungssätze, bei denen mehr als zwei Konten berührt werden. Im allgemeinen wird bei zusammengesetzten Buchungssätzen eine Seite (Soll oder Haben) nur einmal angesprochen – es kann jedoch auch durchaus auf Grund eines einzigen Geschäftsvorfalls sowohl die Soll- als auch die Habenseite mehrmals belastet bzw. erkannt werden müssen.

Beispiel:
Wareneinkauf für 2.000,– DM gegen Zahlung von 1.000,– DM in bar und Hingabe eines Wechsels über 1.000,– DM.

Buchungssatz:

Wareneinkauf 2.000,– DM an Kasse   1.000,– DM
                         an Schuldwechsel 1.000,– DM

In der Praxis wird bei der Buchung auf den Konten nicht nur Datum und Betrag, sondern auch das Gegenkonto vermerkt, der Kontenruf. Durch ihn entfällt die Notwendigkeit den Geschäftsvorfall durch einen Buchungstext zu erläutern weitgehend, da man ihn auf Grund des Kontenrufs leicht erkennen kann.

Beispiel:
Wareneinkauf auf Ziel für 2.000,– DM.

Buchungssatz:

Waren an Verbindlichkeiten 2.000,– DM

S	Waren	H	S	Verbindlichkeiten	H
AB	---		AB	---	
Vbdl.	2.000,–		Waren	2.000,–	

47

Der Kontenruf läßt sich weiter vereinfachen, wenn die Konten durch Ziffern gekennzeichnet werden. (vgl. Ausführungen zum Kontenrahmen).

6.1.5 Eröffnungsbilanzkonto und Schlußbilanzkonto

■ Das Eröffnungsbilanzkonto

Auch die Eröffnung der Bestandskonten geschieht durch doppelte Buchung, da stets gilt: Keine Buchung ohne Gegenbuchung. Die Eröffnung der Bestandskonten wird i. d. R. mit Hilfe eines Vermittlungskontos durchgeführt, das man Eröffnungsbilanzkonto nennt. Dieses Konto ist weiter nichts als ein buchungstechnisches Hilfsmittel für die Kontoeröffnung und tritt dabei nur als notwendiges Gegenkonto für die Buchung der Anfangsbestände auf die Aktiv- und Passivkonten in Funktion. Gleichzeitig dient es der Kontrolle der Vollständigkeit der Bestandsübernahme aus der Schlußbilanz des Vorjahres.

Aktiva		Bilanz		Passivia
Waren	4.000,–	EK		2.500,–
Kasse	1.500,–	Vbdl.		3.000,–

S		Eröffnungsbilanzkonto		H
3.EK	2.500,–	1.Waren		4.000,–
4.Vbdl.	3.000,–	2.Kasse		1.500,–

S	Waren	H	S	EK	H
1.AB	4.000,–			3.AB	2.500,–

48

S	Kasse		H	S	Verbindlichkeiten		H
2.AB	1.500,–					4.AB	3.000,–

Die Buchungssätze lauten folglich:

1) Waren an Eröffnungsbilanzkonto 4.000,– DM

2) Kasse an Eröffnungsbilanzkonto 1.500,– DM

3) Eröffnungsbilanzkonto an Eigenkapital 2.500,– DM

4) Eröffnungsbilanzkonto an Verbindlichkeiten 3.000,– DM

oder allgemein:

Aktivkonten an   Eröffnungsbilanzkonto
Eröffnungsbilanzkonto an   Passivkonten

Auf dem Eröffnungsbilanzkonto erscheinen Vermögenswerte im Haben und die Schulden und das Eigenkapital im Soll, genau spiegelbildlich zur Bilanz. Bei den Eröffnungsbuchungen werden die Aktivkonten mit den Anfangsbeständen belastet und das Eröffnungsbilanzkonto dafür erkannt. Nachdem die Kontoeröffnung durchgeführt ist, hat das Eröffnungsbilanzkonto seine Funktion erfüllt – die Buchung der laufenden Geschäftsvorfälle auf den neueröffneten Konten kann beginnen.

Merke: Das Eröffnungsbilanzkonto ist das Gegenkonto zur Eröffnung der Bestandskonten; es ist das Spiegelbild der Eröffnungsbilanz.

In der Praxis ist die Benutzung des Eröffnungsbilanzkontos nicht unbedingt erforderlich; die Konteneröffnung erfolgt dann einfach durch Übernahme der Bilanzwerte auf die entsprechenden Konten. Gegenkonten für die Buchungen auf den Aktivkonten sind dann die Bestände auf den Passivkonten und umgekehrt. Theoretisch denkt man sich dabei die Gegenbu-

49

chungen auf dem Eröffnungsbilanzkonto auf eine Sammelbuchung in einer Summe beschränkt:

S	Eröffnungsbilanzkonto		H
an verschiedene		von verschiedenen	
Passivkonten	5.500,–	Aktivkonten	5.500,–

Aus Vereinfachungsgründen kann sogar auf die Übertragung der Anfangsbestände verzichtet werden, die regelmäßig zum Beginn des Geschäftsjahres noch nicht endgültig feststehen dürften (Inventur, spätere Bilanzerstellung, Änderung durch Steuerbescheide etc.). Die Anfangsbestände werden dann später direkt in die Hauptabschlußübersicht übernommen, während die Konten nur die laufenden Geschäftsvorfälle (Verkehrszahlen) erfassen.

Die Eröffnungsbuchungen werden aus den Beständen der Eröffnungsbilanz entwickelt, die grundsätzlich mit der Schlußbilanz der vorherigen Abrechnungsperiode identisch ist. Diese vollständige Entsprechung der Schlußbilanz eines Geschäftsjahres mit der Eröffnungsbilanz des darauffolgenden Geschäftsjahres bezeichnet man als Grundsatz der Bilanzidentität (§ 252 Abs. 1 Nr. 1 HGB).

Merke: Das Eröffnungsbilanzkonto ist die spiegelbildliche Wiedergabe der Eröffnungsbilanz der neu begonnenen Abrechnungsperiode, welche mit der Schlußbilanz der vorangegangenen Periode identisch ist.

■ **Das Schlußbilanzkonto**

Durch die zweifache, betragsgleiche Buchung eines jeden Geschäftsvorfalles im Soll und im Haben bleibt die Bilanzgleichung immer erhalten. Daher können die Konten jederzeit zu einer neuen Bilanz zusammengefügt werden. Dazu bedient man sich des sog. Schlußbilanzkontos, welches im System der doppelten Buchführung die Gegenbuchung zum Kontenabschluß ermöglicht.

Merke: Das Schlußbilanzkonto ist das Gegenkonto für den Abschluß aller Bestandskonten.

Bei den Abschlußbuchungen werden die Aktivkonten für die Schlußbestände (SB) erkannt (= Sollsaldo) und das Schlußbilanzkonto belastet. Umgekehrt werden die Passivkonten für die Schlußbestände belastet (= Habensaldo) und das Schlußbilanzkonto erkannt.

S	Waren		H		S	EK		H
AB	4.000,–	Abgänge	6.500,–		SB	2.500,–	AB	2.500,–
Zugänge	5.000,–	SB	2.500,–					

S	Kasse		H		S	Verbindlichkeiten		H
AB	1.500,–	Abgänge	4.000,–		Abgänge	4.000,–	AB	3.000,–
Zugänge	6.500,–	SB	4.000,–		SB	4.000,–	Zugänge	5.000,–

S	Schlußbilanzkonto		H
Waren	2.500,–	EK	2.500,–
Kasse	4.000,–	Vbdl.	4.000,–
	6.500,–		6.500,–

Das Schlußbilanzkonto ist das Abschlußsammelkonto; es entsteht durch den Abschluß der Konten und bestimmt sich im Aufbau nach der Buchführung. Die Schlußbilanz entspricht in ihrem Aufbau dagegen dem Bilanzschema des § 266 Abs. 2 und 3 HGB. Obwohl die Schlußbilanz auf der Grundlage der

Inventur erstellt wird, entspricht sie inhaltlich deshalb dem Schlußbilanzkonto, weil Abweichungen zwischen den tatsächlichen Ist-Beständen und den buchhalterischen Soll-Beständen vor dem Abschluß der Konten über das Schlußbilanzkonto zu berichtigen sind. Ob also bei der Inventur Bestandsdifferenzen festgestellt werden oder nicht, die Schlußbilanz entspricht immer der (gemäß dem Bilanzschema des § 266 Abs. 2 und 3 HGB) gegliederten Abschrift des Schlußbilanzkontos.

6.2 Die Buchung auf dem Eigenkapitalkonto

6.2.1 Die Auflösung des Eigenkapitalkontos in Unterkonten

Erfolgswirksame Vermögensänderungen (Aufwendungen und Erträge) und erfolgsneutrale Vermögensänderungen (Privatentnahmen und -einlagen) ändern das passivische Bestandskonto Eigenkapital.

S	Eigenkapitalkonto	H
Minderungen: Aufwendungen Entnahmen Schlußbestand	Anfangsbestand Mehrungen: Erträge Einlagen	

Da die Mehrzahl aller Geschäftsvorfälle ganz oder teilweise erfolgswirksam ist und somit das Eigenkapital ändert, würde auf diesem Konto bald jeder Überblick verlorengehen. Außerdem würde bei der chronologischen Buchung aller betrieblichen und privaten Kapitaländerungen das echte Betriebsergebnis nicht unmittelbar ersichtlich sein. Aus diesen Gründen löst man das Eigenkapitalkonto in eine Reihe von Hilfs- oder Unterkonten auf: Erfolgskonten (Aufwands- und Ertragskonten) und Privatkonten (Privateinlagen- und -entnahmekonten).

S	Eigenkapitalkonto	H
Aufwendungen		Erträge
Entnahmen		Einlagen

S	Aufwandskonten	H	S	Ertragskonten	H
Aufwendungen					Erträge

S	Privatentnahmen	H	S	Privateinlagen	H
Entnahmen					Einlagen

Merke: Für alle Unterkonten des Eigenkapitalkontos gelten die gleichen Buchungsregeln wie für das Hauptkonto selbst: Wie bei allen Passivkonten stehen die Minderungen (und hier die Aufwendungen) im Soll, die Mehrungen (und hier die Erträge) im Haben.

6.2.2 Erfolgskonten als Unterkonten des Kapitalkontos

■ **Aufgabe der Erfolgskonten**

Es ist klar, daß allein die Veränderung des Bestandes auf dem Eigenkapitalkonto als Differenz zwischen der Summe verschiedener Erträge (z. B. Miet-, Zins-, Skonto- oder Provisionserträge) und der Summe verschiedener Aufwendungen (z. B. Löhne, Gehälter, Zinsen, Mieten, Spesen, Provisionen oder allgemeine Verwaltungskosten) wenig aussagefähig ist. Deshalb wird für jede Aufwands- und Ertragsart ein getrenntes Konto geführt, um Aufwendungen und Erträge laufend nach sachlichen Gesichtspunkten getrennt sammeln und analysieren zu können.

S	Aufwandskonten	H
Einzelbeträge der getätigten Aufwendungen	Erstattung und Stornierung	
	Saldo (= Summe der effektiven Aufwendungen)	

Aufwandskonten sammeln im Laufe des Geschäftsjahres alle Kapitalminderungen getrennt nach den einzelnen Aufwandsarten. In der Regel ist die Sollseite die größere Seite – der Saldo steht dann als Sollsaldo im Haben.

S	Ertragskonten	H
Erstattung und Stornierung	Einzelbeträge der erzielten Erträge	
Saldo (= Summe der effektiven Erträge)		

Die Ertragskonten sammeln laufend alle Kapitalerhöhungen getrennt nach den einzelnen Ertragsarten. In der Regel ist die Habenseite die größere Kontoseite, der Saldo steht als Habensaldo im Soll.

■ Abschluß der Erfolgskonten

Zum Ende des Geschäftsjahres werden alle Erfolgskonten wieder zusammengetragen und auf dem Gewinn- und Verlustkonto gesammelt, einem unmittelbaren Unterkonto des Kapitalkontos. Der auf den Erfolgskonten festgestellte Saldo wird in das Gewinn- und Verlustkonto gegengebucht.

Buchungssätze:

Gewinn- und Verlustkonto   an   Aufwandskonto
        Ertragskonten   an   Gewinn- und Verlustkonto

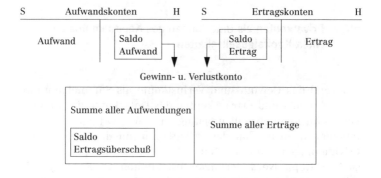

Der Saldo des Gewinn- und Verlustkontos, das ja ein Unterkonto des Eigenkapitals ist, wird auf dieses übertragen. Steht der Saldo als Habensaldo im Soll des Gewinn- und Verlustkontos, übersteigen die Erträge die Aufwendungen der Abrechnungsperiode, es ist eine Kapitalmehrung, ein Gewinn erwirtschaftet worden. Steht der Saldo dagegen als Sollsaldo im Haben des Gewinn- und Verlustkontos, dann ist eine Kapitalminderung, ein Verlust zu verzeichnen.

Buchungssätze:

Gewinn- und Verlustkonto   an   Eigenkapital
                                   (bei Kapitalmehrung)
Eigenkapital   an   Gewinn- und Verlustkonto
                       (bei Kapitalminderung)

So wie man das Abschlußkonto für die Bestandskonten als Schlußbilanzkonto und eine nach dem Bilanzschema des § 266 HGB gegliederte Abschrift davon als Schlußbilanz bezeichnet, so ist das Gewinn- und Verlustkonto innerhalb der Buchführung das Sammelkonto für die Erfolgskonten und die Gewinn- und Verlustrechung eine gemäß dem Gliederungsschema des § 275 HGB angefertigte Abschrift desselben.

6.2.3 Privatkonten als Unterkonten des Kapitalkontos bei Nicht-Kapitalgesellschaften

Während das Gewinn- und Verlustkonto als Sammelkonto aller Aufwands- und Ertragskonten das Unterkonto des Kapitalkontos für alle betrieblich bedingten (erfolgswirksamen) Kapitaländerungen ist, hat das Privatkonto mit den Unterkonten Privateinlagen und -entnahmen die Aufgabe, alle privat verursachten Kapitalveränderungen festzuhalten. Da Kapitalgesellschaften keine „Privat"-Sphäre haben, findet man Privatkonten nur bei Einzelkaufleuten und Personengesellschaften. Es gelten auch hier die Buchungsregeln des Kapitalkontos.

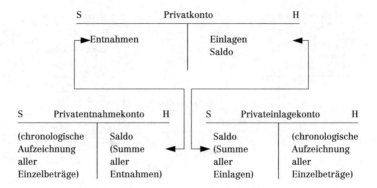

S	Privatkonto	H
►Entnahmen	Einlagen ◄	
	Saldo	

S	Privatentnahmekonto	H		S	Privateinlagekonto	H
(chronologische Aufzeichnung aller Einzelbeträge)	Saldo (Summe aller Entnahmen)			Saldo (Summe aller Einlagen)	(chronologische Aufzeichnung aller Einzelbeträge)	

In der Praxis werden oft mehrere Privatentnahmekonten geführt, die eine spätere Herausrechnung bestimmter Posten
(wie z. B. Barentnahmen, Sachentnahmen, Privatsteuern,
steuerlich abzugsfähige Sonderausgaben) ersparen sollen. Bei
Personengesellschaften hat jeder Gesellschafter ein oder auch
mehrere Privatkonten. Abgeschlossen werden die Privatkonten unmittelbar über das Eigenkapitalkonto bzw. mittelbar,
wenn vorher noch ein Privatsammelkonto zur Zusammenfas-
sung der verschiedenen Privatkonten eingeschaltet wird, das
dann seinerseits mit einem Saldo auf das Eigenkapitalkonto
übertragen wird.

Merke: Während die Erfolgskonten, welche die erfolgswirksamen Kapitalveränderungen sammeln, über das Ge-
winn- und Verlustkonto abgeschlossen werden, sind
die Privatkonten direkt über das Eigenkapitalkonto
selbst abzuschließen.

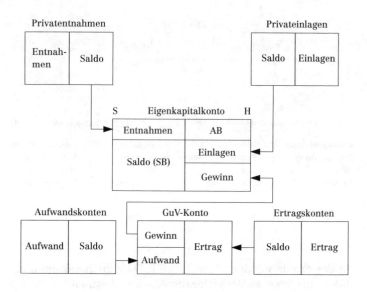

6.2.4 Zusammenhang der Konten und ihr Abschluß

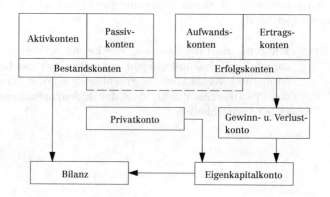

Für den buchungstechnischen Abschluß der Bestands- und Erfolgskonten (Abschlußbuchungen) ist die Einhaltung einer bestimmten Reihenfolge zweckmäßig:

1) Feststellung der Sollbestände auf den Bestandskonten und Vergleich mit den Istbeständen der Inventur (Fehlmengen infolge Schwund, Verderb oder Diebstahl sind als Aufwand auszubuchen):

Buchungssatz:

Aufwandskonto an Bestandskonto

Mehrbestand (infolge versehentlicher Doppelerfassung als Aufwand oder Nichterfassung als Ertrag) führen zum

Buchungssatz:

Bestandskonto an Ertrag

2) Abschluß der Erfolgskonten über das Gewinn- und Verlustkonto

a) Gewinn- und Verlustkonto an Aufwandskonten

b) Ertragskonten an Gewinn- und Verlustkonto

3) Abschluß des Gewinn- und Verlustkontos über das Kapitalkonto

a) Gewinn- und Verlustkonto an Kapitalkonto (bei Kapitalmehrung)

b) Kapitalkonto an Gewinn- und Verlustkonto (bei Kapitalminderung)

59

4) Abschluß der Privatkonten über das Kapitalkonto

    a) Kapitalkonto an Privatentnahmen

    b) Privateinlagen an Kapitalkonto

5) Abschluß der Bestandskonten über das Schlußbilanzkonto

    a) Schlußbilanzkonto an Aktivkonten

    b) Passivkonten an Schlußbilanzkonto

Abweichend davon kann das Gewinn- und Verlustkonto, obwohl es ein Unterkonto des Kapitalkontos ist, auch direkt über das Schlußbilanzkonto abgeschlossen werden. Dadurch wird erreicht, daß der Erfolg nicht nur in der Gewinn- und Verlustrechnung, sondern auch in der Bilanz ausgewiesen wird. Der Erfolg steht hierdurch neben dem vorläufigen Endkapital als selbständiger Posten in der Bilanz. Zu Beginn des nächstfolgenden Geschäftsjahres muß der Erfolg dann allerdings auf das Kapitalkonto übertragen werden (Buchungssatz: Eröffnungsbilanzkonto an Kapitalkonto bzw. Kapitalkonto an Eröffnungsbilanzkonto, je nachdem, ob ein positiver oder negativer Erfolg als gesonderter Posten ausgewiesen war).

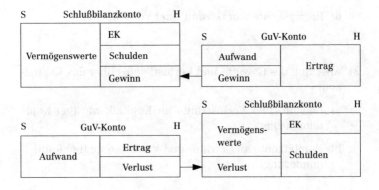

Eine Eigenkapitalmehrung bewirkt auf dem Schlußbilanzkonto (vor Übertrag aus dem GuV-Konto) einen Sollsaldo (Aktiva größer Passiva) und auf dem Gewinn- und Verlustkonto einen Habensaldo (Aufwand kleiner Ertrag). Ein Verlust führt zu einem Habensaldo auf dem Schlußbilanzkonto (Aktiva kleiner Passiva) und einem Sollsaldo auf dem Gewinn- und Verlustkonto (Aufwendungen größer Erträge).

6.2.5 Die doppelte Erfolgsermittlung

Der positive oder negative Erfolg wird in der doppelten Buchführung auf zweifache Weise ermittelt.

Ursache dafür ist die jeweils zweifache Verbuchung eines jeden Geschäftsvorfalles in insgesamt gleicher Höhe sowohl im Soll als auch im Haben. Jeder ganz oder teilweise erfolgswirksame Geschäftsvorfall ändert immer mindestens ein Bestandskonto und ein Erfolgskonto zugleich. Deshalb muß sich aus der Beständerechnung (Bilanz) und der Erfolgsrechnung zwingend ein gleichhoher korrespondierender Saldo ergeben, bevor das Gewinn- und Verlustkonto über das Schlußbilanzkonto abgeschlossen wird. Wird das Gewinn- und Verlustkonto über das Kapitalkonto abgeschlossen, dann ermittelt man den Erfolg aus der Beständerechnung durch Kapitalvergleichsrechnung, was im Prinzip dasselbe ist.

6.3 Die Buchung auf gemischten Konten

6.3.1 Die Besonderheit der gemischten Konten

Zwischen den Bestandskonten und den Erfolgskonten stehen die gemischten Konten, deren Besonderheit darin besteht, daß ihr Saldo teilweise einen Bestand und teilweise einen Erfolg darstellt. Während die reinen Bestandskonten als Salden nur Schlußbestände aufweisen, die nach der Überprüfung durch die Inventur in die Schlußbilanz übernommen werden, enthalten die Salden der Erfolgskonten nur reine Aufwendungen oder Erträge, die in der Gewinn- und Verlustrechnung zusammengefaßt werden. Die gemischten Konten, deren Saldo sowohl einen Bestand als auch einen Erfolg einschließt, korrespondieren beim Abschluß sowohl mit dem Schlußbilanzkonto als auch mit dem Gewinn- und Verlustkonto.

Als Beispiel für ein gemischtes Konto wird meist das ungeteilte Warenkonto angeführt. Werden Ein- und Verkäufe von Waren auf einem Konto gebucht, so enthält das Warenkonto sowohl Bestandszu- und -abgänge als auch den Warenrohgewinn (= Verkaufserlöse − Einkaufswerte der abgesetzten Mengen), wenn zu höheren als den Einkaufspreisen verkauft wurde. Um den Warenrohgewinn aussondern zu können, muß erst durch Inventur der Schlußbestand an Waren ermittelt werden. Ohne Inventur ergäbe sich im folgenden Beispiel ein Sollsaldo von 200,- DM, in dem Bestands- und Erfolgsanteil untrennbar vermischt wären.

Anfangsbestand zu Einkaufspreisen	100	Abgänge zu Verkaufspreisen	300
Zugänge zu Einkaufspreisen	400	Saldo	200

Es gibt in der Praxis zahlreiche andere gemischte Konten, die man in zwei Gruppen einteilen kann. Bei der ersten Gruppe kann der Abschluß erst erfolgen, wenn durch Inventur der Schlußbestand ermittelt ist (gemischte Erfolgskonten), und bei der anderen Gruppe muß erst der Erfolgsanteil festgestellt und ausgebucht werden, bevor man den Schlußbestand erhält (gemischte Bestandskonten); die Benennung erfolgt somit nach dem jeweiligen Restsaldo.

6.3.2 Gemischte Erfolgskonten

■ **Inhalt und Bedeutung**

Von gemischten Erfolgskonten spricht man vor allem dann, wenn Zu- und Abgänge mit unterschiedlichen Werten auf einem Konto gebucht werden. Das ist z. B. der Fall beim gemischten Effekten- oder Devisenkonto und auch bei Anlagekonten, wenn Verkäufe nicht zum Buchwert erfolgen und zunächst mit dem Veräußerungserlös als Abgang gebucht sind.

Auf einem reinen aktivischen Bestandskonto ist immer die Sollseite größer als die Habenseite, es stellt sich daher regelmäßig ein Sollsaldo ein. Auf den gemischten Erfolgskonten findet sich dagegen in der Regel ein Habensaldo, da die im

Haben gebuchten Abgänge meist zu über den Anschaffungs-
oder Herstellungskosten liegenden Preisen erfolgen. Bestand
und Erfolg sind in diesem Saldo so miteinander vermischt (sie
kompensieren sich teilweise gegenseitig), daß sie sich buchmäßig ohne Inventur nicht trennen lassen.

Der per Inventur ermittelte Schlußbestand (300) wird bei
gleichzeitiger Gegenbuchung auf dem Schlußbestandskonto
stets im Haben eingesetzt. Der dann noch verbleibende Saldo
ist Ertrag (oder Aufwand), der an das Gewinn- und Verlustkonto abgegeben wird.

S	gemischtes Erfolgskonto		H
Anfangsbestand zu Einkaufspreisen	100	Abgänge zu Verkaufspreisen	300
Zugänge zu Einkaufspreisen	400		
Ertrag (Restsaldo)	100	Schlußbestand lt. Inventur	300

Gewinn- u. Verlustkonto	Schlußbilanzkonto

Sind die Anschaffungskosten der veräußerten Vermögenswerte höher als die erzielten Verkaufserlöse, ergibt sich das folgende Bild:

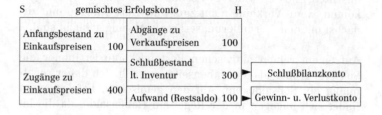

64

Hieraus wird deutlich, warum diese Art des gemischten Kontos als gemischtes Erfolgskonto bezeichnet wird. Der nach Abzug des Inventurbestandes verbleibende Restsaldo ist ein Erfolg, der Erfolgscharakter des Kontos überwiegt.

Beim gemischten Erfolgskonto ist ein Soll-Ist-Vergleich zwischen rechnerischem Buchbestand und Inventurfeststellungen nicht möglich, da sich der Schlußbestand buchhalterisch nicht entwickeln läßt.

■ Auflösung der gemischten Erfolgskonten

Nach den Grundsätzen ordnungsmäßiger Buchführung sollen die Bücher so beschaffen sein, daß aus ihnen jederzeit und ohne nennenswerten Zeitverlust die Vermögens- und Ertragslage des Unternehmens entnommen werden kann. Nach den „Grundsätzen und Gemeinschaftsrichtlinien für das Rechnungswesen" sind gemischte Konten möglichst zu vermeiden. Bei ihnen stimmt nämlich der Saldo (Buchbestand) regelmäßig weder mit dem tatsächlichen Bestand noch mit dem Erfolg überein.

Den Grundsätzen ordnungsmäßiger Buchführung entspricht es besser, wenn man sofort bei jeder Veräußerung den Abgang zum Buchwert erfaßt und den Veräußerungserfolg getrennt erfaßt. In der Praxis werden deshalb besondere Erfolgskonten für die Veräußerungsgewinne und -verluste eingerichtet, auf denen sofort bei der Veräußerung die Unterschiede zum Buchwert als Ertrag oder Aufwand ausgewiesen werden. Auf dem jeweiligen Bestandskonto wird der Abgang zum Buchwert, d.h. in der Regel zu Anschaffungskosten erfaßt, so daß dessen Buchbestand sich ceteris paribus (unter sonst gleichen Umständen) stets mit dem tatsächlichen Bestand deckt.

Beispiel:
Wir verkaufen von 10 Aktien einer Brauerei, die im Vorjahr zu 250,– DM das Stück erworben worden waren, 5 Stück für 1.350,– DM; der Verkaufserlös wird uns auf dem Bankkonto gutgeschrieben.

Buchungssatz:

Bank	1.350,– DM	an Wertpapiere	1.250,– DM
		Ertrag	100,– DM

S	Bank	H	S	Wertpapiere	H	S	Ertrag (WP)	H
AB	.....		AB	2.500	1) 1.250			1) 100
1) 1.350					SB 1.250			

Das Wertpapierkonto läßt hier in jedem Augenblick die Ermittlung des rechnerischen Buchbestandes (SB 1.250,– DM = 5 Stück) zu, da nunmehr auf beiden Seiten des Kontos zu Anschaffungswerten gebucht wurde. Dadurch ist die Kontrollfunktion der Inventur wieder hergestellt und ein wirksamer Soll-Ist-Vergleich möglich.

6.3.3 Gemischte Bestandskonten

Die gemischten Bestandskonten verlangen zuerst die Ermittlung des Erfolgsteils, der dann vom buchmäßig ausgewiesenen Bestand abgezogen wird; auf diese Weise erhält man den neuen Schlußbestand. Der Unterschied zu den gemischten Erfolgskonten besteht darin, daß nicht der Bestand durch Inventur ermittelt werden muß, um den Erfolg feststellen zu können, sondern daß erst die Errechnung des Erfolgsteils die rechnerische Ermittlung des Wertes des Schlußbestandes ermöglicht.

Zu dieser Kontengruppe gehören alle Sachkonten, die für abnutzbare Vermögensgegenstände des Anlagevermögens geführt werden. Hier überwiegt eindeutig der Bestandscharakter. Der Abschluß ist ohne vorherige körperliche Bestandsaufnahme möglich, weil die Vermögenswerte regelmäßig in Anlagenverzeichnissen oder Anlagenkarteien fortgeschrieben werden und die Inventur allein der Mengenkontrolle dient.

Die Anschaffungs- oder Herstellungskosten abnutzbarer Vermögenswerte sind sowohl nach den handelsrechtlichen als auch nach den steuerrechtlichen Vorschriften abzuschreiben. Die Abschreibung soll vor allem die Wertminderung ausgleichen, die durch den betrieblichen Gebrauch der Vermögensbestände eintritt. Die ursprünglichen Anschaffungs- oder Herstellungskosten werden alljährlich um die Abschreibungsbeträge vermindert, die als Aufwand zu Lasten der Gewinn- und Verlustrechnung gebucht werden

Nur der nach der Abschreibung verbleibende Betrag geht als Schlußbestand in die Schlußbilanz ein. Durch die Abschreibungen werden die länger im Betrieb nutzbaren Vermögensgegenstände, die bei ihrer Anschaffung zunächst erfolgsneutral mit den vollen Anschaffungs- bzw. Herstellungskosten auf die Bestandskonten als Zugang zu buchen waren (Aktivtausch oder Bilanzverlängerung), allmählich im Laufe ihrer betriebsgewöhnlichen Nutzungsdauer gewinnmindernd verrechnet.

Vor dem Abschluß enthalten die Aktivkonten des abnutzbaren Anlagevermögens neben dem Bestand noch einen Erfolgsteil (Abschreibungen), weshalb sie zu Recht den gemischten Konten zugerechnet werden. Eine Auflösung der gemischten Bestandskonten ist im Gegensatz zu den gemischten Erfolgskonten zunächst weder möglich noch notwendig.

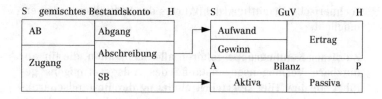

6.3.4 Zusammenhang der Konten und ihr Abschluß

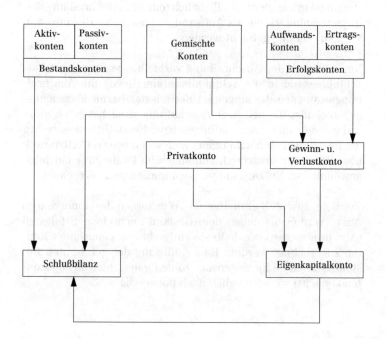

Buchungssätze für den Abschluß gemischter Konten:

1. Gemischtes Erfolgskonto:

a) Aktivkonto: z. B. ungeteiltes Wertpapierkonto
   Schlußbilanzkonto   an Wertpapiere (Inventurbestand)
   Wertpapiere   an (a.o.)Erträge (bei Habensaldo)

   oder:
   (a.o.) Aufwendungen an Wertpapiere (bei Sollsaldo)

b) Passivkonto: z.B. Rückstellungen
   Rückstellung   an Bank (Verbrauch)
   Rückstellung   an (a.o.) Erträge (bei Habensaldo)

   oder:
   (a.o.) Aufwand   an Rückstellung (bei Sollsaldo)

2. Gemischtes Bestandskonto: z.B. Maschinen

   Aufwendungen (AfA)   an Maschinen (Erfolgsbuchung)
   Schlußbilanzkonto   an Maschinen (Bestandsbuchung)

7 Der Jahresabschluß

„Die Bilanz und die Gewinn- und Verlustrechnung bilden den Jahresabschluß" (§ 242 Abs. 3 HGB). Darüber hinaus schreibt der Gesetzgeber in § 264 Abs. 1 HGB vor, daß „Die gesetzlichen Vertreter einer Kapitalgesellschaft ... den Jahresabschluß (§ 242) um einen Anhang zu erweitern..." haben, „...der mit der Bilanz und der Gewinn- und Verlustrechnung eine Einheit bildet, sowie einen Lagebericht aufzustellen..." haben.

Dabei ist unter dem Anhang ein Bericht zu verstehen, der die Bilanz und die Gewinn- und Verlustrechnung erläutert, während der Lagebericht die wirtschaftliche Lage des Unternehmens beschreibt.

Die Bilanz ist eine zeitpunktbezogene Rechnung, die am Ende des Geschäftsjahres die Vermögens- und Kapitalbestände ausweist. Sie ist also eine Bestandsrechnung und hat Bestandsgrößen zum Inhalt, die formal als Aktiva und Passiva bezeichnet werden. Hauptziel dieser Rechnung ist die Ermittlung des Reinvermögens (= Eigenkapital) als Differenz zwischen dem Rohvermögen und den Schulden.

Mit Hilfe der Bilanz kann auch der Erfolg des Unternehmens ermittelt werden, indem das Eigenkapital am Ende des Geschäftsjahres mit dem am Anfang des Geschäftsjahres, korrigiert um Einlagen und Entnahmen während des laufenden Geschäftsjahres, verglichen wird. Insofern ist die Bilanz auch eine Erfolgsrechnung.

Die Bilanz gibt jedoch keine Auskunft über die Entstehung, die Quellen des Erfolges. Diese Aufgabe übernimmt die Gewinn- und Verlustrechnung, in der den Erträgen die Aufwendungen einer Abrechnungsperiode gegenübergestellt wird, so daß

Herkunft und Höhe des Erfolges ersichtlich werden. Im Gegensatz zur Bilanz ist die Gewinn- und Verlustrechnung eine zeitraumbezogene Rechnung, die sich auf das abgelaufene Geschäftsjahr bezieht und mit Bewegungsgrößen operiert.

■ **Zusammenhänge zwischen Bilanz und Gewinn- und Verlustrechnung**

– Mit beiden Rechnungen kann der Erfolg des Unternehmens, der im positiven Fall als Gewinn, im negativen Fall als Verlust bezeichnet wird, ermittelt werden.

– In der Bilanz wird das Ergebnis sämtlicher Bewegungen der Vermögens- und Kapitalgrößen sichtbar. In der Gewinn- und Verlustrechnung finden nur solche Bewegungen von Vermögens- und Kapitalgrößen ihren Niederschlag, die aufwands- bzw. ertragswirksam sind.

– Eigener Bilanzierungs- und Bewertungsvorschriften für die Gewinn- und Verlustrechnung bedarf es nicht, da die handelsrechtlichen Bilanzierungs- und Bewertungsvorschriften unmittelbare Auswirkungen auf die Gewinn- und Verlustrechnung haben. So beeinflussen die Aktivierungs- und Passivierungsgebote, -wahlrechte und -verbote jeweils die Höhe der Aufwendungen bzw. Erträge und damit die Höhe des Unternehmenserfolges in der Gewinn- und Verlustrechnung. (Näheres hierzu vgl. Hilke, Bilanzieren nach Handels- und Steuerrecht, Teil 1 und 2)

§ 242 HGB gilt für alle Kaufleute, also unabhängig von der Rechtsform des Unternehmens. § 264 HGB bezieht sich lediglich auf Kapitalgesellschaften.

Hieraus ergibt sich, daß der Jahresabschluß umfaßt:

■ bei Einzelunternehmen und Personengesellschaften (OHG, KG, GmbH & Co.KG)

- Bilanz,
- Gewinn- und Verlustrechnung;

■ bei Kapitalgesellschaften (AG, KGaA, GmbH)
  - Bilanz,
  - Gewinn- und Verlustrechnung,
  - Anhang, Lagebericht.

Der Jahresabschluß, d.h. die Bilanz und die Gewinn- und Verlustrechnung, kann je nach den gesetzlichen Vorschriften,
nach denen er aufgestellt wird, der handelsrechtliche oder der
steuerrechtliche Jahresabschluß sein.

Dabei ist die steuerrechtliche Bilanz aus der handelsrechtlichen Bilanz zu entwickeln.

8 Die Organisation der Buchführung

Um alle Geschäftsvorfälle ordentlich zu erfassen, bedarf es in der Buchführung gegliederter Aufzeichnungen in Büchern und Konten. Die Grundsätze ordnungsmäßiger Buchführung verlangen (handels- wie steuerrechtlich)

■ die zeitliche oder chronologische Ordnung,

■ die sachliche oder systematische Ordnung und

■ die ergänzende Ordnung durch Nebenaufzeichnungen.

8.1 Die einzelnen Bücher der Buchführung

8.1.1 Das Grundbuch

Die chronologische Aufzeichung der Geschäftsvorfälle erfolgt im Grundbuch beziehungsweise in den Grundbüchern. Die Zahl der Grundbücher hängt von der Größe des Betriebes und von dem Buchungsumfang ab.

Theoretisch wäre es denkbar, nur mit einem Grundbuch auszukommen, das alle Geschäftsvorfälle aufnimmt. Praktisch ist jedoch schon der kleinste Betrieb gezwungen, die Kassenvorfälle auszusondern und in ein besonderes Kassenbuch einzutragen. Geschähe dies nicht, wäre es nicht möglich, den Kassenbestand abzustimmen, das heißt mit dem tatsächlichen Bestand zu vergleichen, sprich überprüfen.

Das Kassenbuch ist das wichtigste Grundbuch. Aber auch Bank- und Postscheckauszüge sowie Rechnungseingangs- und Rechnungsausgangsbücher können als Grundbücher verwendet werden.

Die Grundbücher werden in der Praxis auch Tagebücher genannt oder Primanoten, was bedeutet, daß in ihnen die „erste Notiz" vorgenommen wird. Man bezeichnet sie auch als Memorial, weil sie das „Gedächtnis" ersetzen. Grundbücher werden sie deshalb genannt, weil sie den Grund für die weitere Verarbeitung des Buchungsstoffes legen. Diese besteht in der Übertragung der Grundbuchungen in das Hauptbuch beziehungsweise auf die einzelnen Hauptbuchkonten.

Beispiel Grundbuch

| | | | Kontierung | | Betrag | | |
Tag	Beleg	Buchungstext	Soll	Haben	Soll	Haben	Bemerkung
2. 1.	AR	Warenverkauf auf Ziel	Forderung	Warenverkauf Mehrwertsteuer	114	100 14	
3. 1.	..	....	...	...	...	...	
4. 1.	..	......					

Das Grundbuch nimmt nach den vorkontierten Belegen die Eröffnungsbuchungen, die Buchung der laufenden Geschäftsvorfälle, die vorbereitenden Abschlußbuchungen und die Abschlußbuchungen auf. Alle Grundbucheintragungen müssen außerdem auf die entsprechenden Sachkonten des Hauptbuches und ggf. in bestimmte Nebenbücher übertragen werden.

Damit bildet das Grundbuch die wichtigste Grundlage der gesamten Buchführung.

Die Grundbücher sollen während der Aufbewahrungsfristen jederzeit und ohne größere Mühe ermöglichen, einen einzelnen Geschäftsvorfall bis zu seinem Beleg zurückzuverfolgen.

8.1.2 Das Hauptbuch

Im Gegensatz zum Grundbuch, bei dem die zeitliche Reihenfolge das Hauptkriterium ist, ist beim Hauptbuch die sachliche Zugehörigkeit bestimmend. Im Hauptbuch werden die Geschäftsvorfälle systematisch, nach sachlichen Gesichtspunkten geordnet verbucht.

Dies geschieht auf Konten, die nach einem betriebsindividuellen Kontenplan eingerichtet sind, der sich an dem für den jeweiligen Geschäftszweig entwickelten Kontenrahmen orientiert.

Beispiel Hauptbuch

Soll	Warenverkauf	Haben	Soll	Mehrwertsteuer	Haben
		100			14

Soll	Forderungen	Haben
114		

Grundlage der Eintragungen im Grundbuch sind die Belege. Dagegen werden die Eintragungen ins Hauptbuch gemäß den Grundbuchaufzeichnungen vorgenommen. Das Hauptbuch übernimmt auf den für die einzelnen Posten der Bilanz und Erfolgsrechnung eingerichteten Konten den Buchungsstoff nach sachlicher Ordnung; alle Grundbuchungen, die sachlich zusammengehören, werden auf dieselben Konten übertragen.

Die Übernahme des Buchungsstoffes in das Hauptbuch kann auch gruppenweise erfolgen. Aus dem Inhalt des Hauptbuches kann der Kaufmann jederzeit einen Abschluß machen, der ihm den erforderlichen Einblick in die Vermögens-, Finanz- und Ertragslage seines Unternehmens gewährt, den das Handelsgesetzbuch verlangt.

8.1.3 Nebenbücher

Grund- und Hauptbuch müssen außerdem noch durch Neben- bücher ergänzt werden, die außerhalb des Kontensystems ste- hen und bestimmte Hauptbuchkonten erläutern.

Das wichtigste Nebenbuch ist das Geschäftsfreunde- und Kon- tokorrentbuch, das nach steuerlichen Vorschriften in jeder Buchführung obligatorisch vorhanden sein muß (vgl. Ab- schnitt 29 Abs. 2 und 4 EStR).

Daneben gibt es noch das Waren- oder Lagerbuch, das Besitz- wechselbuch, das Schuldwechselbuch, das Lohn- und Gehalts- buch und das Anlagenbuch. Die Nebenbücher werden über- wiegend in Karteiform geführt.

Im Geschäftsfreundebuch werden sämtliche Forderungen und Verbindlichkeiten gegenüber den Geschäftsfreunden von ihrer Entstehung bis zur Begleichung für jeden einzelnen Kunden bzw. Lieferanten dargestellt. Es werden also neben den Sachkonten Forderungen und Verbindlichkeiten im Hauptbuch, die summarisch den gesamten unbaren Geschäftsverkehr aufnehmen, in der Nebenbuchhaltung sog. Personenkonten für einzelne Geschäftsfreunde geführt. Der Inhalt der verschiedenen Personenkonten ergibt den Inhalt des jeweils entsprechenden Sachkontos, da jede Buchung auf den Sachkonten Forderungen und Verbindlichkeiten gleichzeitig auf die Personenkonten des Kontokorrentbuchs übertragen werden muß, wozu im Grundbuch ein Übertragungsvermerk notwendig ist. Am Jahresende erfolgt die Abstimmung des jeweiligen Sachkontos anhand einer Saldenliste, die aus den Personenkonten aufgestellt wird. Die Saldenlisten sind die Grundlage für die Positionen Forderungen und Verbindlichkeiten im Inventar („lt. besonderem Verzeichnis").

8.1.4 Bedeutung der Belege

Die „Wahrheit" der buchhalterischen Aufzeichnungen muß durch Belege jederzeit nachgewiesen werden können. Es ist deshalb ein Grundsatz ordnungsmäßiger Buchführung, nur aufgrund von ordnungsgemäßen Belegen zu buchen und diese für die jederzeitige Nachprüfbarkeit aufzubewahren.

Merke: Keine Buchung ohne Beleg!

Dieser Grundsatz ist auch in den „Richtlinien zur Organisation der Buchführung" von 1937 bereits enthalten: „Für die einzelnen Buchungen müssen rechnungsmäßige Belege vorhanden sein, die geordnet aufzubewahren sind."

Den größten Teil der Belege liefern die Geschäftsvorgänge und Beziehungen zu den Geschäftsfreunden. Sie bilden die sog. natürlichen Belege: Rechnungen, Rechnungsdurchschriften, Briefe, Frachtbriefe, Quittungen, Bankauszüge, Überweisungen, Zahlkarten-, Postanweisungsabschnitte etc. Natürliche Belege sind ferner die verschiedenen Vordrucke, die im Betrieb selbst verwendet werden: Lieferscheine, Materialentnahmescheine, Materialrückgabescheine, Lohnzettel, Lohnlisten etc.

Neben solchen natürlichen Belegen sind ggf. durch interne Buchungsanweisungen die künstlichen Belege anzufertigen, auf denen der zu verbuchende Vorgang niedergelegt ist: Quittungen über Privatentnahmen oder Reisespesen, Notizen über erforderliche Umbuchungen, Stornierungen (Rückbuchungen), Aufstellungen über Verrechnungsbuchungen etc. (= Eigenbelege).

Jederzeit muß eine Verbindung zwischen Beleg und Buchung hergestellt werden können, die eine nachträgliche retrograde (von der Buchung ausgehende) oder progressive (vom Beleg ausgehende) Kontrolle der Geschäftsvorfälle und ihrer buchhalterischen Verarbeitung ermöglicht. Zu diesem Zweck ist auf allen Belegen anzumerken, auf welchen Konten bzw. in welche Bücher sie verbucht worden sind (Kontierung, Buchungsanweisung). Dies kann auch allein durch eine durchgehende Numerierung geschehen, wenn dieselbe Numerierung bei der Buchung auf den einzelnen Konten wiederholt wird.

8.2 Das System der doppelten Buchführung

Für die kaufmännische Buchführung gibt es zwei Buchführungssysteme:

- ■ die einfache Buchführung und
- ■ die doppelte Buchführung

Davon hat sich die doppelte Buchführung im Laufe der Zeit soweit durchgesetzt, daß die einfache Buchführung heute praktisch bedeutungslos geworden ist. Zudem macht § 242 HGB die doppelte Buchführung für Kaufleute zur Pflicht.

■ Einfache Buchführung

In den Grundbüchern wird nur in zeitlicher Reihenfolge (chronologisch) gebucht, ein Hauptbuch mit Sachkonten fehlt. Besonders kennzeichnend ist das Fehlen von Erfolgskonten, auf denen laufend die Aufwendungen und Erträge gebucht werden. Dadurch kann der Gewinn nur auf einfache Weise, nämlich durch Bestandsvergleich ermittelt werden. Auch die Inventur ist keine bloße Kontrolle der buchhalterisch fortgeführten Anfangsbestände, sondern die einzige Möglichkeit der Feststellung des Betriebsvermögens.

■ Doppelte Buchführung

Bei der doppelten Buchführung werden alle Geschäftsvorfälle im Gegensatz zur einfachen Buchführung nicht nur in zeitlicher Reihenfolge in Grundbüchern, sondern auch in sachlicher Ordnung im Hauptbuch festgehalten. Hier werden systematisch alle Vorgänge nach ihrer Vermögens- und ihrer Erfolgswirkung getrennt erfaßt.

8.3 Buchführungsmethoden

Die doppelte Buchführung wird in der Praxis nach verschiedenen Buchführungsmethoden durchgeführt. Man unterscheidet in drei große Gruppen:

- die Übertragungsbuchführung

- die Durchschreibebuchführung

- die Buchführung mit elektronischer Datenverarbeitung

8.3.1 Übertragungs- und Durchschreibebuchführung

Von einer Übertragungsbuchführung spricht man, wenn die Geschäftsvorfälle zuerst ins Grundbuch eingetragen werden und von dort in die verschiedenen Teile des Hauptbuches übertragen werden.

Sind Hauptbuch und Grundbuch in einem Buch nebeneinander zusammengefaßt, so bezeichnet man dieses „Einheitsbuch" als amerikanisches Journal. Die Konten des Hauptbuches werden dabei in Tabellenform geführt. So ist eine chronologische und sachliche Erfassung der Geschäftsvorfälle möglich. Bedeutung hat diese einfache Form der Buchführung für kleine Betriebe, die eine geringe Zahl von Sachkonten haben.

Für die Praxis ist die Übertragungsbuchführung wenig zweckmäßig, da die Übertragungsarbeit sehr aufwendig ist und zudem leicht Fehler unterlaufen. Dies kann mit der Durchschreibebuchführung vermieden werden. Die Durchschreibebuchführung kann handschriftlich oder im maschinellen Verfahren (Buchungsmaschine) erfolgen. Anstelle eines Hauptbuches werden einzelne Kontenblätter für die Sachkonten eingerichtet. Die Kontenzahl ist damit nicht begrenzt. Bei der Durchschreibebuchführung verfährt man so, daß eine Grundbuchseite auf ein Kontenblatt – oder umgekehrt – gelegt wird und von einem auf das andere durchgeschrieben wird. Grundbuchung und Hauptbuchung werden also mit einer Niederschrift vollzogen, womit Übertragungsfehler unmöglich sind.

Tag	Buchungstext	Betrag	Kasse		Warenverkaufskonto		Wareneinkaufskonto		u.s.w.
			S	H	S	H	S	H	
2.1	Warenverkauf bar	4000	4000			4000			
3.1	Wareneinkauf bar	1000		1000			1000		

Beispiel für ein Amerikanisches Journal

Organisationsmittelfirmen (Anschriften siehe Seite 104) bieten verschiedene Arten von Durchschreibebuchführungen an. Hier soll nur das Grundprinzip verdeutlicht werden.

Die Art und Organisation der Buchführung ist zum einen von der Größe des Unternehmens, das heißt von der Menge des anfallenden Buchungsstoffes, zum anderen von der Art der Geschäftstätigkeit abhängig.

Die manuelle oder maschinelle Durchschreibebuchführung ist heute weitgehend durch die Buchführung mit elektronischer Datenverarbeitung ersetzt. Neben einer erheblichen Rationalisierung bei der Dateneingabe, der Speicherung und der jederzeit abrufbaren Dokumentation und Information bringen die schier unerschöpflichen Möglichkeiten der Verarbeitung und Auswertung des erfaßten Datenmaterials zusätzliche Vorteile.

8.3.2 Buchführung mit elektronischer Datenverarbeitung

Die Buchführung mit Hilfe der elektronischen Datenverarbeitung kann grundsätzlich mit einer eigenen elektronischen Datenverarbeitungsanlage („im Haus") durchgeführt werden oder der Anlage eines externen Rechenzentrums (auch als Buchführung „außer Haus" oder „Fernbuchführung" bezeichnet).

Letztere hat die Vorzüge der EDV auch für die Bewältigung der Buchführungsaufgaben kleiner und kleinster Betriebe erschlossen und liefert auch ihnen rasch und automatisch statistische Auswertungen zur Beurteilung der Geschäftsentwicklung (kurzfristige Erfolgsrechnung, Kosten- und Erfolgsanalyse, Kennziffern etc.).

Bei allen Systemen der EDV-Buchführung außer Haus müssen die beim Anwender anfallenden Buchungsdaten dem entfernten Rechenzentrum mittels sog. Datenträger zur Verarbeitung zugeleitet werden. Der Datenträger entsteht bei der Datenerfassung und enthält den Buchungsstoff in maschinenlesbarer Form.

Bei der Datenerfassung wird stets neben dem Datenträger zur Kontrolle eine Eingabeliste (Primanota) mit erstellt. Während der Datenträger entweder an das Rechenzentrum geschickt oder diesem die Daten zur Verarbeitung und Auswertung per Datenübermittlung übertragen werden, verbleibt die Primanota als Urschrift der Datenerfassung (Funktion des Grundbuches) zur Kontrolle beim Kaufmann.

Der Hauptvorteil der Datenerfassung zur elektronischen Weiterverarbeitung gegenüber herkömmlichen manuellen Buchführungssystemen liegt darin, daß nur noch ein verkürzter Buchungssatz gebildet werden muß, der aus Konto, Gegenkonto und Betrag besteht. Alle übrigen Buchführungsarbeiten, also die Übertragung der Geschäftsvorfälle auf Sach- und Personenkonten, der Ausdruck von Journalen, Summen- und Saldenlisten bis hin zu fertigen Bilanzen und Erfolgsrechnungen übernimmt das Buchhaltungsprogramm. Gleichzeitig entfallen rein rechnerische Abstimmungsarbeiten. Schließlich können bei Verwendung entsprechender Kontierungsschlüssel automatisch Mehrwertsteuer, Vorsteuer und Umsatzsteuer-Zahllast ermittelt und fertige Umsatzsteuer-Voranmeldungen ausgedruckt werden.

Bei jedem Buchführungssystem werden Belege geordnet, vorkontiert, in verschiedene Bücher eingetragen und von dort auf Konten übertragen. Aus den Konten wird schließlich die Bilanz und Erfolgsrechnung gefertigt. Dies beschreibt nachfolgendes Ablaufdiagramm:

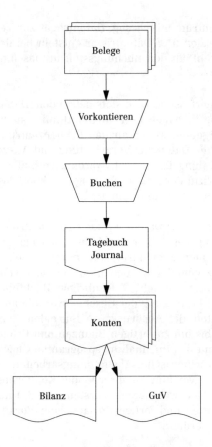

Wird die Buchführung mit Hilfe der EDV bewältigt, müssen die Belege ebenfalls manuell vorkontiert werden, wie bei jeder anderen Buchführung auch. Die in den vorhergehenden Kapiteln erarbeiteten Grundsätze der doppelten Buchführung behalten dabei ihre volle Gültigkeit; es sind lediglich zusätzliche Regeln zu beachten, die sich aufgrund des EDV-Einsatzes er-

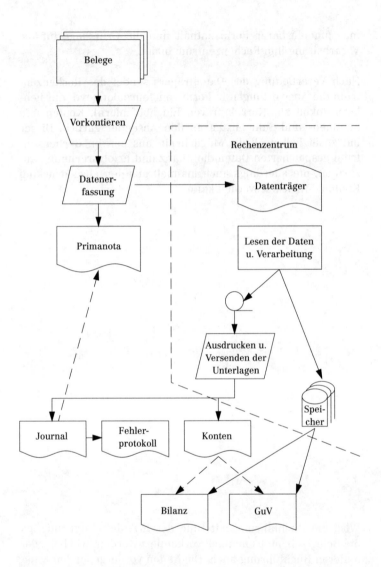

geben. Die vorkontierten Belege sind vom Anwender als Daten zu erfassen, wobei ein Datenträger entsteht, der die Daten in maschinenlesbarer Form enthält und die Grundlage für die Verarbeitung ihm Rechenzentrum bildet.

Nach Verarbeitung des Datenträgers sendet das Rechenzentrum die Auswertungen in Form von Journalen (evtl. mit Fehlerprotokoll zur Korrektur von Eingabefehlern), Konten und Summen- und Saldenlisten an den Absender zurück. Dieser hat zusätzlich noch die Möglichkeit, aus den im Rechenzentrum gespeicherten Daten die Bilanz und Erfolgsrechnung abzurufen, die allerdings auch manuell aus den ausgedruckten Konten entwickelt werden kann.

9 Kontenrahmen und Kontenplan

Grundsätzlich kann jeder Betrieb die Zahl und Art der eingerichteten Konten frei festlegen. Das einmal eingerichtete Kontensystem sollte jedoch beibehalten werden, um innerbetriebliche Vergleiche durchführen zu können. Aber auch zwischenbetriebliche Vergleiche werden in der Praxis häufig angestellt, deshalb hat man für die jeweiligen Wirtschaftszweige spezielle Kontenrahmen entwickelt. Aus den jeweiligen Kontenrahmen kann der Betrieb seinen individuellen Kontenplan entwickeln.

9.1 Zweck und Bedeutung der Kontenrahmen

Den vielfältigen externen Anforderungen kann eine Buchhaltung nur dann gerecht werden, wenn der Buchungsstoff nach einheitlichen Grundsätzen verarbeitet wird, auf die sich der Analytiker verlassen kann.

Dazu wurde bereits mit den „Richtlinien zur Organisation der Buchführung" von 1937 vom Reichskuratorium für Wirtschaftlichkeit (RKW) ein Erlaßkontenrahmen herausgegeben, welcher für Fertigungsbetriebe verbindlich war, aber auch zur Entwicklung von weiteren Pflichtkontenrahmen einzelner Wirtschaftszweige beitrug.

Der weiteren Vereinheitlichung des Rechnungswesens diente der vom Betriebswirtschaftlichen Ausschuß des Bundesverbandes der Deutschen Industrie (BDI) 1951 herausgegebene Gemeinschaftskontenrahmen (GKR). Obwohl nicht verbindlich, hat er doch stark zur einheitlichen Fortentwicklung des Rechnungswesens beigetragen. Auf seiner Grundlage wurden von den einzelnen Wirtschaftszweigen spezielle Branchenkontenrahmen (ca. 200) entwickelt. Die wichtigsten Kontenrahmen sind:

■ Kontenrahmen für den Einzelhandel

■ Kontenrahmen für den Groß- und Außenhandel

■ Gemeinschaftskontenrahmen der Industrie

1971 wurde ebenfalls vom Betriebswirtschaftlichen Ausschuß des BDI in Weiterentwicklung des GKR ein neuer Industriekontenrahmen nach einem anderen Gliederungsprinzip vorgelegt und zur Anwendung empfohlen. Im Laufe der Zeit hat sich der neue Industriekontenrahmen (IKR) durchgesetzt und wird von den meisten Unternehmen angewendet. 1986 wurde der ursprüngliche Industriekontenrahmen von 1971 vom Betriebswirtschaftlichen Ausschuß des BDI den durch die Bilanzrechtsreform bedingten Änderungen angepaßt.

Merke: Kontenrahmen (Einheits- oder Gemeinschaftskontenrahmen) sind Organisationspläne für die Buchhaltung.

Branchenkontenrahmen sind von den Verbänden der einzelnen Wirtschaftszweige auf der Grundlage des GKR entwickelte spezielle Kontenrahmen für ihre Mitglieder.

■ **Kontenplan**

Kontenpläne werden von den einzelnen Betrieben entsprechend dem für sie geltenden Branchenkontenrahmen nach ihren eigenen Bedürfnissen aufgestellt; ein Kontenplan ist eine geordnete Übersicht über sämtliche zu führenden Konten einer speziellen Unternehmung.

9.2 Aufbau des Gemeinschafts-kontenrahmens und der Branchenkontenrahmen

Alle Kontenrahmen sind nach dem Zehnersystem gegliedert. Sie enthalten 10 Kontenklassen mit den Hauptkonten, die regelmäßig vorzukommen pflegen. Die Kontenklassen werden bezeichnet durch die einstelligen Ziffern 0 bis 9. Jedes in der Buchführung verwendete Konto kann einer dieser zehn Kontenklassen untergeordnet werden.

Die Klassenbildung entspricht weitgehend dem regelmäßigen Ablauf des Betriebsgeschehens (Prozeßgliederung) vom Einsatz des Anlagevermögens (Klasse 0) über die Finanzierung des Unternehmens mit flüssigen Mitteln (Klasse 1) zur Beschaffung der Roh-, Hilfs- und Betriebsstoffe sowie der Handelswaren (Klasse 3), bis zum betriebsbedingten Aufwand (Klasse 4–7) und den Erträgen aus dem Verkauf der Fertigerzeugnisse oder Handelswaren (Klasse 8) und schließlich der Erfolgsermittlung mittels der Abschlußkonten (Klasse 9).

Beispiel: Gemeinschaftskontenrahmen der Industrie

Klasse 0	Klasse 1	Klasse 2	Klasse 3	Klasse 4	Klasse 5	Klasse 6	Klasse 7	Klasse 8	Klasse 9
Ruhende Konten	Finanz-konten	Abgren-zungs-konten	Konten der Roh-, Hilfs- und Be-triebs-stoffe und Warenein-kaufs-konten	Konten der Kosten- und Leistungsrechnung				Erlös-konten	Ab-schluß-konten
Anlage-konten Kapital-konten				Kosten-arten	Verrech-nungs-konten	buchhal-terische Kosten-stellen-rechnung	Konten der un-fertigen und fertigen Erzeug-nisse		

89

Während die Klassen 0 bis 3 sowie 8 und 9 einheitlich für alle Unternehmungen gelten (Fertigung, Großhandel, Einzelhandel), sind die Klassen 4 bis 7 unterschiedlich gestaltet entsprechend der Eigenart der verschiedenen Wirtschaftszweige.

Jede Kontenklasse wird in 10 Kontengruppen untergliedert, die durch zweistellige Zahlen angegeben werden:

Kontenklasse 0 Anlage und Kapitalkonten

> Kontengruppe 00 Bebaute Grundstücke
> Kontengruppe 01 Unbebaute Grundstücke
> Kontengruppe 02 Maschinen und maschinelle
> Anlagen

Kontenklasse 1 Finanzkonten

> Kontengruppe 10 Kasse
> Kontengruppe 11 Postscheck und Bank
> Kontengruppe 12 Wechsel, Schecks, Devisen

Innerhalb der Kontengruppe kann wiederum jede einzelne Gruppe in 10 Kontenarten (Untergruppen) unterteilt werden, z. B.

Kontenklasse 0 Anlage- und Kapitalkonten

> Kontengruppe 00 Bebaute Grundstücke

> > Kontenart 000 Fabrikgebäude
> > Kontenart 001 Lagergebäude
> > Kontenart 002 Bürogebäude

Demnach kennzeichnet immer die erste Ziffer von links die Kontenklasse, die zweite Ziffer die Kontengruppe und die dritte die Kontenart. Bei Bedarf kann durch Anhängen einer zusätzlichen Ziffer noch eine weitere Unterteilung in Kontenunterarten vorgenommen werden.

9.3 Inhalt der Kontenklassen des Gemeinschaftskontenrahmens

Die Klasse 0 enthält die Konten, die im allgemeinen während des Jahres nur selten benutzt werden (sog. ruhende Konten). Hierher gehören auch die langfristigen Forderungen und Schulden sowie das Eigenkapital.

Die Klasse 1 umfaßt die Finanzkonten, auf denen die Bewegung der flüssigen Mittel, also insbesondere der laufende Geld- und Überweisungsverkehr gebucht wird, einschließlich der Veränderungen bei den kurzfristigen Forderungen und Verbindlichkeiten.

Die Klasse 2 enthält die Abgrenzungskonten. Sinn dieser Konten ist die gesonderte Erfassung solcher wirtschaftlicher Vorgänge, die nicht unmittelbar mit den Betriebsleistungen etwas zu tun haben. Sie sind nicht kalkulationsfähig und die Unterlassung ihrer Aussonderung würde das Betriebsergebnis, den durch die betriebliche Leistungserstellung bedingten Erfolg, verfälschen.

Die Klasse 3 enthält die Konten der Roh-, Hilfs- und Betriebsstoffe und bei Handelsbetrieben die Wareneinkaufskonten. Die Konten dieser Klasse sind Bestandskonten.

Die Klassen 4 bis 7 dienen der innerbetrieblichen Selbstkostenrechnung, d.h. der Kostenarten-, Kostenstellen- und Kostenträgerrechnung (sog. Betriebsbuchhaltung im Gegensatz zur Geschäfts- oder Finanzbuchhaltung). Hier unterscheiden sich die Kontenrahmen der Industrie und des Großhandels wesentlich. Für den Großhandel umfaßt die Klasse 4 die Boni und Skonti und erst die Klasse 5 die Kostenarten, während die Klasse 6 und 7 zur Verfügung stehen, wenn eine Kostenstellenrechnung aufgemacht werden soll (Näheres hierzu in

Lang/Torspecken, Kostenrechnung und Kalkulation, Wiesbaden 1991) oder wenn mit dem Großhandel Nebenbetriebe verbunden sind und deren Kosten getrennt erfaßt und ausgewiesen werden sollen.

Die Kontenklasse 8 (Warenverkaufskonten-Erträge) und 9 (Abschlußkonten) stimmen für den Großhandel und Industrie in ihrer Funktion weitgehend überein.

Der Aufbau der Gemeinschaftskontenrahmen richtet sich nach dem sog. Prozeßgliederungsprinzip, welches weitgehend auf den Vorschlägen von Schmalenbach*) beruht. Die Konten werden hierbei so angeordnet, wie es dem Ablauf der betrieblichen Prozesse entspricht. Allerdings entspricht der Aufbau der Gemeinschaftskontenrahmen weniger dem Betriebsablauf selbst als vielmehr dem Ablauf der Abrechnung, weshalb Kosiol**) vorschlägt, vom Prinzip der Abrechnungsfolge zu sprechen.

9.4 Gegenüberstellung der wichtigsten Branchenkontenrahmen

Vergleichen Sie hierzu die nebenstehende Gegenüberstellung verschiedener Branchenkontenrahmen (Abbildung Seite 93).

---

*) Schmalenbach, Eugen (1873 – 1955) bekanntester aller Betriebswirtschaftler, konzentrierte seine Forschung vor allem auf die Kostenlehre und das Gewinnproblem.
**) Kosiol, Erich (1899 – 1990)

Kont.-klasse	Einzelhandel	Großhandel	Industrie 1986 (BiRiLiG)
0	Anlage- und Kapital- konten	Anlage- und Kapital- konten	Immaterielle Vermögens- gegenstände und Sachanlagen
1	Finanzkonten	Finanzkonten	Finanzanlagen
2	Abgrenzungs- konten	Abgrenzungs- konten	Umlaufvermö- gen und aktive Rechnungsab- grenzung
3	Wareneinkaufs- konten	Wareneinkaufs- konten	Eigenkapital und Rückstellungen
4	Konten der Kostenarten	Boni und Skonti	Verbindlichkei- ten und passive Rechnungsab- grenzung
5	frei	Konten der Kostenarten	Erträge
6	frei	frei	Betriebliche Auf- wendungen
7	frei	frei	weitere Aufwendungen
8	Erlöskonten	Warenverkaufs- konten	Ergebnis- rechnungen
9	Abschlußkonten	Abschlußkonten	Kosten- und Leistungsrech- nung

Prozeßgliederungsprinzip   Abschluß-
                                            gliederungsprinzip

9.5 Gliederung des Industriekontenrahmens (IKR)

Der neue IKR ist nach dem dekadischen System aufgebaut und umfaßt 10 Kontenklassen mit bis zu 10 Kontengruppen. Sofern bei der Entwicklung spezieller Branchenkontenrahmen oder der betriebsindividuellen Kontenpläne ein Bedürfnis nach weitergehender Differenzierung besteht, können innerhalb der Kontengruppen drei- und mehrstellige Unterkonten geführt werden, bei denen lediglich sichergestellt sein muß, „daß der Inhalt eines Unterkontos begrifflich nicht über den Rahmen des übergeordneten Kontos hinausgeht".

Ausgehend von der Erkenntnis, daß auch in der Industrie nur eine Minderheit von Unternehmen eine Kosten- und Leistungsrechnung betreibt, jedoch allseits Buchführungspflicht besteht und aus diesen Büchern jederzeit die Vermögens- und Ertragslage entnehmbar sein muß, hat der Betriebswirtschaftliche Ausschuß des BDI eine strenge Trennung der Geschäfts- und Betriebsbuchführung in einem echten Zweikreissystem geschaffen:

Rechnungskreis I	Rechnungskreis II
Geschäftsbuchführung und Dokumentation	Kosten- u. Leistungsrechnung einschl. Abgrenzungsrechnung Klasse 9

Der neue Industriekontenrahmen stellt sowohl für die Geschäftsbuchführung als auch die Kosten- und Leistungsrechnung jeweils einen selbständigen, in sich geschlossenen Rechnungskreis zur Verfügung. Beide Rechnungskreise führen – wenn auch unterschiedlich aufgeschlossen – zum gleichen Gesamtergebnis. Der große Vorteil dieser klaren Trennung liegt vor allem darin, daß es keine Klassen mehr mit Mischcharakter gibt, die sowohl der Aufnahme von Werten der Geschäftsbuchführung als auch der Betriebsabrechnung dienen (wie z. B. die Klasse 4 des GKR). Wer somit auf eine Kosten- und Leistungsrechnung verzichten will, dem stellt der IKR einen abgeschlossenen Rechnungskreis ausschließlich für die Zwecke der handels- und steuerrechtlichen Dokumentationspflichten zur Verfügung.

Auch hinsichtlich der zugrundegelegten Gliederungsprinzipien unterscheiden sich die beiden Rechnungskreise sehr deutlich. Die Kontenklassen 0 bis 8 des Rechnungskreises I sind so gestaltet, daß die einzelnen Kontengruppen grundsätzlich den nach dem Handelsgesetz ausweispflichtigen Positionen der Bilanz sowie der Gewinn- und Verlustrechnung entsprechen (vgl. dazu die Gliederungsvorschriften der §§ 266 und 275 HGB). Die Bilanz und die Gewinn- und Verlustrechnung ergeben sich hierbei ohne Umrechnungen und Umadressierungen unmittelbar aus den Salden der Kontengruppen in den Klassen 0 – 8 (Abschlußgliederungsprinzip). Dies ist zweifellos ein enormer arbeitstechnischer Rationalisierungserfolg.

Im einzelnen sieht der IKR für den dokumentarischen Rechnungskreis I die Kontenstruktur vor, wie sie umseitg wiedergegeben ist.

Die Konten werden damit in einer für die Funktion der Geschäftsbuchführung sinnvollen Weise geordnet, die Bilanzkonten und die Erfolgskonten und innerhalb dieser wieder die Aktiv- und Passiv- bzw. Aufwands- und Ertragskonten sind streng getrennt.

Industrie-Kontenrahmen
Rechnungskreis I

Kont. klasse	Inhalt	Kontenart	Jahresabschluß
0	Immaterielle Vermögensgegenstände und Sachanlagen		
1	Finanzanlagen	Aktivkonten	
2	Umlaufvermögen und aktive Rechnungsabgrenzung		Bestandskonten der Bilanz
3	Eigenkapital und Rückstellungen		
4	Verbindlichkeiten und passive Rechnungsabgrenzung	Passivkonten	
5	Erträge	Ertragskonten	
6	Betriebliche Aufwendungen	Aufwandskonten	Erfolgskonten der GuV-Rechnung
7	Weitere Aufwendungen		
8	Ergebnisrechnungen		

Abkürzungen

AktG	Aktiengesetz
AO	Abgabenordnung
EGHGB	Einführungsgesetz zum Handelsgesetzbuch
EStG	Einkommensteuergestz
EStDV	Einkommensteuer-Durchführungsverordnung
GenG	Genossenschaftsgesetz
GKR	Gemeinschaftskontenrahmen
GmbHG	GmbH-Gesetz
HGB	Handelsgesetzbuch
IKR	Industriekontenrahmen
KO	Konkursordnung
MaBV	(Makler- u. Bauträgerverordnung)
WEV	Wareneingangsverordnung
WAV	Warenausgangsverordnung

Gesetzliche Grundlagen und sonstige rechtliche Vorschriften

Die Buchführung und Bilanzierung ist in den folgenden Gesetzen, Verordnungen und sonstigen rechtlichen Bestimmungen geregelt:

Handelsrechtliche Vorschriften:
- §§ 238–339 Handelsgesetzbuch (HGB),
- §§ 150,152, 158,160,170–176 Aktiengesetz (AktG),
- §§ 41–42a Gesetz, betreffend die Gesellschaften mit beschränkter Haftung (GmbHG),
- § 33 Genossenschaftsgesetz (GenG),
- §§ 239, 240 Konkursordnung (KO);

Steuerrechtliche Vorschriften:
- §§ 140–148 Abgabenordnung (AO),
- §§ 4–7k Einkommensteuergesetz (EStG),
- §§ 6–22 Einkommensteuer-Durchführungsverordnung (EStDV),
- § 22 Umsatzsteuergesetz (UStG) (Aufzeichnungspflicht für Entgelte)
- Verordnung über die Führung eines Wareneingangsbuchs (Wareneingangsverordnung, WEV),
- Verordnung über die Verbuchung des Warenausgangs (Warenausgangsverordnung, WAV);

Sonstige Vorschriften:
- Buchführungsrichtlinien vom 11.11.1937 (als Bestandteil der Grundsätze ordnungsmäßiger Buchführung auch heute noch gültig),
- Gemeinschaftsrichtlinien für das Rechnungswesen von 1950,
- Übergangsrichtlinien laut Einführungsgesetz zum HGB (EGHGB), Art. 23–28.

ABC – Besondere Aufzeichnungspflichten bestimmter Berufsgruppen*)

Abfallbeseitiger einschließlich Einsammler und Beförderer von Abfällen (Abfallnachweisbücher)
Altmetallhändler (Metallbücher nach Landesrecht)
Altölbeseitiger einschließlich Betriebe, in denen Altöl anfällt (Nachweisbücher)
Apotheker (Herstellungs- und Prüfungsbücher, Betäubungsmittelkartei, Betäubungsmittellagerbücher)
Auskunfteien (Auftragsaufzeichnung)
Baugewerbe und Baugeldempfänger (Baubücher)
Bauträger (Aufzeichnungen nach MaBV)
Beherbergungsstätten (Fremdenverzeichnisse)
Besamungsstationen (Aufzeichnungen nach Tierzuchtgesetz)
Betäubungsmittelhersteller, -händler und -verarbeiter (Aufzeichnungen nach Betäubungsmittelgesetz)
Bewachungsunternehmen (Auftragsaufzeichnungen)
Bezirksschornsteinfeger (Kehrbücher)
Blindenwerkstätten (Warenaufzeichnungen)
Buchmacher (Wettbücher, Wettscheine, Abrechnungen usw.)
Butterverarbeiter
Darlehensvermittler (Aufzeichnungen nach MaBV und Landesrecht)
Detekteien (Auftragsaufzeichnungen)
Denaturierungsbetriebe
Edelmetallhändler
Effektenverwahrer
Fahrschulen

Quelle: Böttges-Papendorf, D./ Dankmeyer, U./ Tillmann, J.,
ABC der Bilanzierung nach neuem Handels- und Steuerrecht,
3. Auflage, Stollfuß Verlag, Bonn 1990, Seite 50/51.

Fahrlehrerausbildungsstätten
Fahrzeughalter von Fahrzeugen mit Fahrtenschreibern oder
Kontrollgeräten (Schaublätter)
Forstsamen- und Forstpflanzenbetriebe (Kontrollbücher über
Vorräte usw.)
Futtermittelhändler
Gasöl-Beihilfeberechtigte (Verwendungsbücher)
Geflügelhändler (gewerblich und landwirtschaftlich, Kontroll-
bücher und Aufzeichnungen)
Gebrauchtwarenhändler (Gebrauchtwarenbuch)
Gebrauchtwagenhändler (Gebrauchtwagenbuch)
Getreidehändler
Güterfernverkehr (Fahrtenbücher usw.)
Hebammen (Rechnungsbücher)
Heimarbeit-Ausgeber, -Weitergeber oder -Abnehmer (Be-
schäftigtenlisten, Entgeltverzeichnisse und Entgeltbücher)
Hersteller, Vermischer, Einführer oder Großverteiler von
Heizöl oder Dieselkraftstoff (Tankbelegungsbücher)
Hopfenerzeuger Hotels (Fremdenverzeichnisse)
Kriegswaffenhersteller usw. (Kriegswaffenbücher)
Kursmakler (Tagebücher)
Lagerhalter (Lagerscheinregister und Lagerbücher)
Lohnsteuerhilfevereine (Aufzeichnungen über Einnahmen
usw.)
Luftfahrtgerätehersteller (Aufzeichnungen über Stückprüfung)
Luftfahrttechnische Betriebe (Aufzeichnungen über Nachprü-
fung von Luftfahrtgeräten)
Luftfahrzeughalter (Flugaufzeichnungen)
Magermilchpulververarbeiter
Makler (einschließlich Darlehens- und Anlagevermittler sowie
Bauträger und Baubetreuer, Aufzeichnungen nach MaBV)
Metallhändler (Metallbücher)
Milch-und Fettwirtschaft
Mischfuttermittelhersteller und -händler
Munitionshersteller und -händler (Waffenhandelsbücher)
Papageien- und Sittichzüchter
Pfandleiher
Prüfstellen für die Beglaubigung von Meßgeräten

Reisebüros und Unterkunftsvermittler
Saatguterzeuger, Saatguthändler und Saatgutbearbeiter
Schädlingsbekämpfungsbetriebe mit hochgiftigen Stoffen
Schlachtrinderzeuger und Schlachtbetriebe (Schlachtkarten)
Schlachtviehhändler und Agenturen auf den Großviehmärkten
   Marktschlußscheine)
Schußwaffenhersteller und -händler (Waffenhandelsbücher)
Schweinehaltung (ab 1250 Schweine, Kontrollbücher nach
· Massenviehhaltungsverordnung)
Serum oder Impfstoffhersteller
Sprengstofferlaubnisinhaber
Tierärzte (Aufzeichnungen über Hausapotheke)
Tierkörperbeseitigungsanstalt
Versicherungsunternehmen
Versicherungsvereine auf Gegenseitigkeit
Versteigerer
Verwalter nach Wohnungseigentumsgesetz
Viehhändler
Waagen, Inhaber öffentlicher
Weinbaubetriebe, Weinkellereien usw. (Weinbücher)
Wildbrethandler (Wildhandelsbuch)
Wohnungsunternehmen Gemeinnützige (Geschäftsberichte)
Zuckerwirtschaft (Bücher über sämtliche Geschäftsvorfälle
   nach Zuckergesetz)

Literaturverzeichnis

Bücher

Bähr, Gottfried/Fischer-Winkelmann, Wolf:
Buchführung und Jahresabschluß,
3. Auflage, Gabler Verlag, Wiesbaden 1990

Bergmann, Robert: Grundlagen der Buchführung in der BRD,
Verlag Dr. Otto Schmidt KG, Köln 1990

Bornhofen, Manfred/Busch, Ernst: Buchführung 1
(Lehrbuch, Arbeitsheft, Lösungen),
3. Auflage, Gabler Verlag, Wiesbaden 1989

Bornhofen, Manfred/Busch, Ernst: Buchführung 2
(Lehrbuch, Lösungen),
3. Auflage, Gabler Verlag, Wiesbaden 1989

Bornhofen, Manfred: Handelsbuchführung
(Lehrbuch, Arbeitsbuch, Lösungen),
Gabler Verlag, Wiesbaden 1988

Böttges-Papendorf, Dorothee/Dankmeyer, Udo/
Tillann, Josef:
ABC der Bilanzierung nach neuem Handels- und Steuerrecht,
Stollfuß Verlag, Bonn 1990

Bussiek, Jürgen: Was geschieht im Rechnungswesen?
Gabler Verlag, Wiesbaden 1987

Engelhardt, Werner H./Raffeé, Hans:
Grundzüge der doppelten Buchhaltung,
3. Auflage, Gabler Verlag, Wiesbaden, 1990

Falterbaum, Hermann/Beckmann, Heinz:
Buchführung und Bilanz,
13. Auflage, Erich Fleischer Verlag, Achim 1989

Hesse, Kurt/ Fraling, Rolf:
Buchführung und Bilanz,
8. Auflage, Gabler Verlag, Wiesbaden 1988

Koller, Werner/Legner, Manfred: Vom Beleg zur Bilanz,
3. Auflage, Dr. F. Weiss Verlag GmbH, München 1990

Korth, Michael: Industriekontenrahmen –
Kontierung und Jahresabschlußgliederung,
Verlag C.H.Beck, München 1990

Korth, Michael (In Zusammenarbeit mit der DATEV e.G.):
Kontierungs-Handbuch 1989,
Verlag C.H.Beck, München 1989

Liebscher, Rainer:
AfA-Lexikon, Stollfuß Verlag,
Bonn (Loseblattwerk)

Löschke, Norbert/Sikorski, Ralf:
Buchführung und Bilanzierung,
Verlag C.H.Beck, München 1990

Meding, Andreas/Schmeling, Peter:
Buchführung (2 Disketten für alle IBM- und kompatiblen PCs
sowie DATEV-DVS-Geräte), Erich Fleischer Verlag,
Achim 1989

Niemann, Walter:
Handbuch des Wirtschaftsrechts 1991,
Verlag C.H.Beck, München 1991

Rudolph, Siegbert: Das DATEV-Buchführungssystem,
4. Auflage, Verlag Dr. Otto Schmidt KG, Köln 1990

Sauer, Klaus P.: Bilanzierung von Software,
Gabler Verlag, Wiesbaden 1987

Schmolke, Siegfried/Deitermann, Manfred:
Industrielles Rechnungswesen IKR,
9. Auflage, Winklers Verlag, Darmstadt 1986

Stapperfend, Thomas:
Die steuer- und bilanzrechtliche Behandlung von Software,
Verlag Dr. Otto Schmidt KG, Köln 1991

Dr. Tanski, Joachim S.(Hrsg.):
Handbuch Finanz- und Rechnungswesen,
Verlag moderne industrie,
Landsberg/Lech, 1990

Zimmerer, Carl: Industriebilanzen,
Verlag moderne industrie, 7. Auflage, Landsberg/Lech 1991

Zeitschriften

bilanz & buchhaltung, Zeitschrift für Rechnungswesen und Steuern, Gabler Verlag, Wiesbaden

Neue Wirtschaftsbriefe, Zeitschrift für Steuer- und Wirtschaftsrecht, Verlag Neue Wirtschafts-Briefe, Herne/Berlin

Der Betrieb, Handelsblatt GmbH, Düsseldorf

Betriebs-Berater, Zeitschrift für Recht und Wirtschaft, Verlag Recht und Wirtschaft, Heidelberg

Bilanzbuchhalter, Fachzeitschrift für Führungskräfte des Finanz- und Rechnungswesens, Bundesverband der Bilanzbuchhalter e.V., Bonn (Hrsg.)

Taylorix Journal, Nachrichten und Informationen aus der Taylorix Organisation, Taylorix Organisation, Stuttgart

BBK, Buchführung Bilanz Kostenrechnung, Zeitschrift für das gesamte Rechnungswesen, Verlag Neue Wirtschafts-Briefe, Herne/Berlin

Wichtige Anschriften

AWV – Arbeitsgemeinschaft für wirtschaftliche Verwaltung e.V., Postfach 5129, W–6236 Eschborn, Tel. 0 61 96/495–388

DATEV eG, Paumgartnerstr. 6-14, W–8600 Nürnberg 80, Tel. 06 11/ 2 76-0

DATEV Informationszentrum Berlin, Einemstraße 24, W–1000 Berlin 30, Tel. 0 30/ 26 10 91

DATEV Informationszentrum Erfurt, Lübecker Straße 3, O–5020 Erfurt, Telefon noch nicht vorhanden

DATEV Informationszentrum Schwerin, Industriestraße 5a, O–2781 Schwerin, Tel. 00 37/ 84/37 60 35

DATEV Informationszentrum Dresden, Schnorrstraße 70, O–8020 Dresden, Tel. 00 37/51/485 22 66

DATEV Informationszentrum Leipzig, Karl-Liebknecht-Straße 143, O–7030 Leipzig, Tel. 00 37/41 388 22 20

Rationalisierungs-Kuratorium der Deutschen Wirtschaft e.V. (RKW), Postfach 58 67, W–6236 Eschborn 1, Tel. 0 61 96/ 4 95-1

Taylorix Aktiengesellschaft, W–7000 Stuttgart 40, Zazanhäuser Straße 106, Tel. 07 11/ 87 07–3 81

Die Stuttgarter Taylorix AG ist ein bundesweit tätiges Beratungs- und Vertriebsunternehmen für computerunterstützte Geschäftskonzepte von mittelständischen Unternehmen.

Die folgenden Taylorix-Geschäftsstellen unterstützen und beraten Handwerks- und Handelsbetriebe bei organisatorischen und betriebswirtschaftlichen Fragen der Unternehmensführung. Das Angebot umfaßt die traditionellen Handbuchhaltungsverfahren ebenso wie auch modernste Computerorganisation mit erprobter Taylorix-Software für Finanzbuchführung, Lohn- und Gehaltsabrechnung, Kostenrechnung, Warenwirtschaft für den Handel und Kalkulations- und Abrechnungsprogramme für das Handwerk.

Taylorix Chemnitz GmbH, Zwickauer Str. 296,
O–9031 Chemnitz, Telefon 003 771/8522 47

Taylorix Berlin Vertriebs-GmbH, Geschäftsstelle Cottbus, Thiemstraße 130, O–7500 Cottbus, Tel. 00 37 59/45 22 40

Taylorix Dresden, Erhard Becke GmbH, Hübnerstr. 15, O–8027 Dresden, Tel. 00 37 51/47 76 09

Taylorix Erfurt GmbH, Wilhelm-Wolff-Str. 7, O–5080 Erfurt, Tel. 00 37 61/41 50 03

Taylorix Leipzig GmbH, Bornaer Str. 19, O–7125 Liebertwolkwirtz, Tel. 00 37 41/20 12 488

Taylorix Rostock GmbH, Krischanweg 16, O–2510 Rostock, Tel. 00 37 81/85 16

Taylorix Schwerin, Vertriebs-GmbH, Franz-Mehring-Str. 45, O–2758 Schwerin, Tel. 00 37 84/86 81 95

Taylorix Zwickau GmbH, Geschäftstelle Stützengrün, Hübelstraße 40 a, O–9415 Stützengrün, Tel. 00 37 76 392/38 75

Taylorix Zwickau GmbH, Am Bahnhof 7, O–9580 Zwickau, Tel. 00 37 74/29 90

Organisationsmittelanbieter:

Soennecken – Buchführungssysteme Richarz KG
Rochusstr. 24, W–5300 Bonn 1, Tel. 02 28/62 10 30

Perfecta Hülbrock OHG, Schmidtstr. 63,
W–6000 Frankfurt/Main, Tel. 0 69/73 20 03

Stichwortverzeichnis

Strafvorschriften im Steuerrecht
13

T

Tagebuch 74

V

Verletzung von Buchführungs-
und Aufzeichnungspflichten
11 ff.
Vermögensseite 34
Vollkaufleute 5 f.

W

Warenkonto 62

U

Übertragungsbuchführung
80 ff.
Umlaufvermögen 29
Unterkonten des Kapitalkontos
53

Z

zeitlich verlegte
(Stichtags-)Inventur 24 f.
Zwangsgelder 12
zwischenbetrieblicher Vergleich
87

DIE BASIS HRES ERFOLGS

Vertrauen Sie bewährter Fachliteratur

Die Buchreihe *Praxis der Unternehmensführung* liefert Ihnen wichtige Grundlagen und Informationen als soliden Hintergrund.

s Einführung, zur Orientierung und zum Nachschlagen. Denn auf fundier- s Fachwissen kommt es in Ihrer Unternehmenspraxis tagtäglich an. Jeder and gibt Ihnen in verständlicher Form Antwort auf betriebswirtschaftliche nd rechtliche Kernfragen:

- praxisorientiert
- schnell
- übersichtlich
- mit Fallbeispielen, Checklisten, Adress- und Literaturübersichten

Die ersten zehn Titel

ottfried Bähr/Wolf F. Fischer- inkelmann/ Rolf Fraling/ urt Hesse/Dirk Scharf
uchführung – Leitlinien und rganisation
3BN 3-409-13968-0

ürgen Bussiek
uchführung – echnik und Praxis
3BN 3-409-13978-8

leinz Dallmer/Helmut Kuhnle/ ürgen Witt
Einführung in das Marketing
SBN 3-409-13972-9

Otto D. Dobbeck
Wettbewerb und Recht
SBN 3-409-13966-4

Wolfgang Hilke
Bilanzieren nach Handels- und Steuerrecht, Teil 1
SBN 3-409-13980-X

Wolfgang Hilke
Bilanzieren nach Handels- und Steuerrecht, Teil 2
ISBN 3-409-13981-8

Lutz Irgel/Hans Joachim Klein/ Michael Kröner
Handelsrecht und Gesellschaftsformen
ISBN 3-409-13965-6

Sabine Klamroth/ Reinhard Walter
Vertragsrecht
ISBN 3-409-13967-2

Helmut Lang/ Hans-Dieter Torspecken
Kostenrechnung und Kalkulation
ISBN 3-409-13969-9

Hans Joachim Uhle
Unternehmensformen und ihre Besteuerung
ISBN 3-409-13979-6

ca. 100-150 Seiten, Broschur, DM 24,– proEinzeltitel
Änderungen vorbehalten

Weitere wichtige Neuerscheinungen

Heinz Schneider
Das Sozialversicherungsrecht aus der Sicht der Betriebe, Ausgabe Deutschland- Ost
1991, 215 Seiten, DM 29,80
ISBN 3-409-13807-2

Everett T. Suters
Auf Kurs gebracht
1991, 231 Seiten, DM 58,–
ISBN 3-409-18716-2

GABLER

Taunusstraße 54
D-6200 Wiesbaden